ALIMENTACIÓN PARA EL CUERPO Y EL ALMA

Pautas para una vida sin estrés

editorial kier

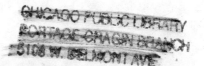

Liliana Racauchi
y José Bidart

ALIMENTACIÓN PARA EL CUERPO Y EL ALMA

Pautas para una vida sin estrés

Racauchi, Liliana
  Alimentación para el cuerpo y el alma : pautas para una vida sin estrés /
Liliana Racauchi y José Bidart. - 1a ed. - Buenos Aires : Kier, 2009.
  256 p. ; 20x14 cm.

  ISBN 978-950-17-5355-4

  1. Superación Personal. I. Bidart, José. II. Título.
  CDD 158.1

Diseño de tapa:
Asesoría Editorial
Diagramación:
Mari Suárez
Corrección:
Lorena Bustos
LIBRO DE EDICION ARGENTINA
ISBN: 978-950-17-5355-4
Queda hecho el depósito que marca la ley 11.723
© 2009 by Editorial Kier S.A., Buenos Aires
Av. Santa Fe 1260 (C 1059 ABT), Buenos Aires, Argentina.
Tel: (54-11) 4811-0507   Fax: (54-11) 4811-3395
http://www.kier.com.ar - E-mail: info@kier.com.ar
Impreso en la Argentina
Printed in Argentina

Capítulo 1
La alimentación y el estrés

UNA ALIMENTACIÓN PARA EL EQUILIBRIO EMOCIONAL

¿Qué se entiende por equilibrio emocional?

Equilibrio emocional es el que se genera cuando una persona puede ser coherente entre su pensar, sentir y actuar; cuando existe equilibrio entre su aspecto racional y sus sentimientos y cuando no hay desborde frente a determinados hechos de la vida.

El equilibrio emocional es el producto del actuar con ecuanimidad y ocurre si la persona, frente a la adversidad, no pierde su centro ni se maneja por impulsos. Puede ocurrir que la persona tenga una actitud crítica acerca de determinadas circunstancias, pero no juzga ni se juzga, y ante sensaciones de inseguridad o temor, puede verlas, sin evasión o negación, al contrario, las encara y está atenta.

El equilibrio emocional es también poder desarrollar la capacidad de comprensión, sentir que uno puede manejar su propia vida y no que la vida lo maneja a uno; que puede poner límites a diferentes situaciones y concretar aquello que anhela o necesita.

La implicancia de la alimentación

Si bien la posibilidad de equilibrio emocional depende de varios aspectos, el tipo de alimentos que se ingiere cotidianamente es un factor fundamental en el desarrollo del sistema nervioso.

Es notable ver la relación que existe entre la forma de ser, es decir, la personalidad de los seres humanos que pertenecemos a ciertas culturas, sociedades o pueblos, y el alimento que ingerimos. Así, el tipo de alimentación contractiva, densa, salada y muy cocida genera una personalidad más tensa, cierta rigidez, endurecimiento. En cambio, una alimentación expansiva, con alimentos crudos, muchas verduras y frutas, alimentos azucarados y farináceos, implica una personalidad expansiva, más frágil, más debilitada, dispersa, tal vez, demasiado flexible.

Por ejemplo, los japoneses –no en estas épocas en que se han occidentalizado, sino antiguamente– tenían una personalidad rígida, fuerte, implacable, concretos, con una gran capacidad de trabajo y también dureza y verticalidad. Su alimentación estaba basada en alimentos contractivos, densos, cocidos, salados, principalmente arroz, casi ninguna fruta, algunos vegetales –la mayoría de éstos en forma de raíces–, pescado y algas.

Por su parte, los pueblos del trópico tienen una personalidad expansiva, relajada, son más bien pasivos. Los habitantes de estas zonas basan su alimentación en frutas, preparaciones hechas con azúcar, verduras crudas, legumbres y carnes.

Por otra parte, los pueblos nórdicos, con su temperamento austero, de pocas palabras, con poca expresión y con mucha capacidad de acción y trabajo, centran su alimentación en carnes, pescados, leche, quesos, o sea, ingieren un exceso de grasas saturadas. Las grasas son alimentos con mayor densidad y generan también contracción en el organismo.

Existen muchos más ejemplos que muestran la relación de la personalidad con el tipo de alimentos que se ingiere cotidianamente.

Los alimentos expansivos, tales como los azúcares, las frutas y verduras tienden a relajar, a descontraer, inducen a la pasividad. Los alimentos salados, contractivos, como las carnes, grasas y los alimentos con mucha cocción tienden a tensionar, y tal vez, al exceso de actividad y la rigidez.

Las fuerzas de contracción (tensión) y expansión (relajación) son propias del Universo y actúan permanentemente para generar el equilibrio y la armonía. En algunos momentos, necesitamos de una, y en otros momentos, necesitamos de la otra. Quizá, el equilibrio sea una alimentación que contenga ciertos productos expansivos y otros contractivos, que permitan una suerte de fortaleza, capacidad de concreción y también sensibilidad, sensitividad, en la persona que los ingiere.

¿Por qué no a las dietas?

La palabra "dieta", según su origen, significa 'modo de vida', pero la mayoría de nosotros la relacionamos con algo restrictivo, impuesto, relacionado con la represión; por eso, cuando se trata de nutrición, es mejor hablar en otros términos, para evitar condicionarnos por las palabras.

Si consideramos que toda persona necesita una forma de alimentación adecuada a su personalidad y problemática particular, y si vemos que, en verdad, todos los seres humanos tenemos a lo largo de nuestra vida temas especiales a resolver, el alimento tendría que ser el adecuado en función del momento que estamos viviendo, cómo nos sentimos, si tenemos o no energía, si estamos cansados o muy excitados, si nuestro intestino está funcionando correctamente o no, si surgen dolores en alguna parte de nuestro cuerpo, si dormimos poco o mucho, si nos sentimos angustiados o nerviosos.

De manera que más que hablar de dietas, tendríamos que hablar de comer en función de la necesidad del mo-

Alimentación para el cuerpo y el alma

mento. Podríamos, entonces, cambiar la palabra "dieta" por la expresión "una alimentación responsable". Cuando se encara la comida de cada persona desde esta perspectiva, no hay restricciones, sino que cada uno se hace cargo consciente y racionalmente de lo que tiene que comer. En el momento que la persona entiende por qué elige ciertos alimentos y por qué descarta otros, no hay dieta, sino que hay una elección personal consciente, racional, reflexiva, producto de la comprensión. Al contrario, si los cambios se hacen desde la imposición, difícilmente funcionan; pero si se hacen desde la comprensión, pueden generarse.

Una forma racional de comer

Es necesario conocer cuáles son los alimentos que perjudican la propia salud, tanto física como psicológica, y cuáles son los que la benefician.

Hay alimentos que son perjudiciales para todas las personas, más allá de las características personales, y hay otros que, si bien forman parte de la naturaleza, en determinados momentos no conviene consumirlos, en función de la circunstancia especial que se esté atravesando.

Es importante prescindir, por ejemplo, de los alimentos industrializados, tales como los llamados *diet* y *light*; los que contienen productos químicos, como los resaltadores de sabor, conservantes, espesantes, mejoradores, blanqueadores, antibióticos; así como también de los alimentos que excitan el sistema nervioso, como carnes, alcohol, azúcar, café, té negro, hierba mate. También entran en la categoría de alimentos dañinos los lácteos industrializados, los empaquetados, enfrascados, enlatados, los edulcorantes artificiales, las bebidas cola, las harinas blaːcas y la repostería en general.

Todos estos alimentos alteran el funcionamiento del organismo, sobrecargando la función hepática, circulatoria, intestinal, renal, endocrina y el sistema nervioso.

Hay alimentos de los que tenemos que prescindir, aun siendo de naturaleza orgánica, en determinadas circunstancias, temporalmente, mientras tenemos alguna dolencia en particular. De este modo, ciertas personas que tienen problemas de flojedad intestinal, deben evitar las frutas, las verduras de hojas verdes crudas, las harinas y los lácteos. Las personas con hipertensión no pueden comer alimentos muy salados, grasas saturadas (carne, leche, queso, yogur), aunque sean orgánicos. Asimismo, hay personas con colesterol alto que tienen que prescindir de los lácteos, las grasas saturadas y del alcohol; y otras con afecciones del sistema nervioso a quienes no les conviene ingerir carnes, alimentos azucarados, cafeína, aunque también éstos sean orgánicos.

¿Por qué se busca la energía, el vigor o el sentirse relajado a través de la comida?

La falta de energía es fácil de percibir en uno mismo. Ésta se traduce en sensación de cansancio, abatimiento, desgano y parece que todo tiene que hacerse con esfuerzo. Al revés, cuando tenemos exceso de energía, nos sentimos hiperactivos, muy estimulados, sobreexcitados. Suele ocurrir que, en función de cómo estamos energéticamente, busquemos apaciguarnos a través del consumo de ciertos alimentos.

Antes de buscar la forma de paliar estos síntomas, es necesario comprender el origen de la falta o del exceso de energía.

La falta de energía puede deberse a varios factores, por ejemplo: poco descanso, dormir escasas horas, trabajar demasiado, una mente que nunca para de pensar, el hígado sobrecargado (por el consumo de azúcar, queso, alcohol, carne, químicos, farináceos), comer más de lo que el cuerpo necesita, estar en estado de tensión permanente.

El exceso de energía, la sensación de excitabilidad, puede deberse a que el sistema nervioso está alterado, a causa de que uno no haya dormido o descansado lo suficiente o que haya trabajado demasiadas horas y entonces se siente "pasado de vuelta" como comúnmente se dice. Otra causa del mismo estado puede ser también la ingestión de bebidas o alimentos excitantes del sistema nervioso que segregan adrenalina, como el café, la hierba mate, el té negro y las bebidas cola.

Tanto uno como otro síntoma se retroalimentan permanentemente. Así, cuando nos falta energía, buscamos alimentos o bebidas que la produzcan. Suele ocurrir que el gusto por consumir carne o la necesidad de ella, tenga que ver con querer compensar, a través de su consumo, la falta de energía. Esto es muy común en los hombres que necesitan de la carne para sentirse potentes. El consumo de café, té negro y hierba mate también está relacionado con la necesidad de sentir fuerza, potencia, vitalidad, porque, en realidad, uno se siente desvitalizado.

El consumo de azúcar se asocia con la necesidad de calmar la ansiedad, buscar relajación y calmar el exceso de adrenalina; lo mismo ocurre con la necesidad de alcohol o de harinas. El azúcar blanco, la miel, el alcohol y las harinas son todas formas diferentes de azúcares. La necesidad de estos alimentos tiene que ver con un estado de tensión, con la necesidad de relajarse, aquietar la ansiedad.

Por esto es importante comprender por qué uno busca los estimulantes, cuál es la sensación interna que invita a consumirlos, y entonces tratar de restablecer de otra forma la falta o el exceso de energía, comprendiendo sus causas y, de esta manera, poder llegar a la raíz del síntoma, tratando de equilibrar el desequilibrio, pero no con alimentos nocivos para la salud, sino comprendiendo el origen del problema.

Cuando se destierran los estimulantes del sistema nervioso, surge una energía genuina, la propia, que no es poca ni mucha, sino la justa, la necesaria para encarar los procesos del vivir diario.

Relación entre la química de la sangre y las emociones

Para que la sangre de un ser humano sea de buena calidad tiene que ser alcalina. Pero, generalmente, la sangre se acidifica. Al ocurrir esto, aparecen diferentes síntomas, por ejemplo, en lo físico concretamente, dispepsias, hinchazones, flatulencias, problemas intestinales, infecciones, formación de quistes, problemas circulatorios, hemorroides, contracturas, lumbalgias. En el plano emocional, puede haber síntomas de ansiedad, nerviosismo, depresión, irritabilidad, miedos e insomnio.

¿Qué es lo que acidifica la sangre?

La sangre se acidifica por diferentes causas, tales como "hacerse la mala sangre", por el estrés y la tensión, también por el exceso de contaminantes ambientales, por el consumo de café y hierba mate, por el exceso de la ingesta carnes, harinas, azúcares, químicos en general y grasas saturadas.

Para que la química del organismo, esto, es la calidad de la sangre, se estabilice, la persona tendría que desarrollar una actividad física cotidiana, estar atenta a no pasar muchas horas frente a la computadora o el televisor, no estar mucho tiempo con su celular prendido, evitar pasar demasiado tiempo sentada e ingerir alimentos que no le quiten nutrientes.

Para que el ser humano esté químicamente estable, es decir, que su sangre tenga una buena calidad, que sus órganos y funciones corporales funcionen adecuadamente, necesita: carbohidratos, proteínas, vitaminas, minerales, grasas y agua. Estos elementos forman parte de la leche materna y, a lo largo de la vida, son los que se necesita ingerir para funcionar equilibradamente. Obviamente, en la medida que la persona crezca, cambiará la proporción de dichos nutrientes.

Cuando la alimentación cotidiana incluye todos estos nutrientes, en la proporción adecuada para cada persona en particular, la química se estabiliza y entonces se posee la energía necesaria para funcionar en el día a día. Si esto ocurre, no hace falta buscar otros alimentos que lo estimulen porque de esta forma adquiere una energía genuina, no necesita encontrarla en la carne, el queso, el café o relajarse con el azúcar, el pancito o el alcohol.

Una alimentación basada en cereales integrales, legumbres, verduras, frutas y algunas grasas animales aporta energía genuina, además de la actividad física y de la actitud de la persona frente a la vida.

Cuando la química del organismo permanece estable, las emociones se estabilizan. Somos una unidad, un cuerpo sano implica una mente sana.

Una comida energética

Es aquella que aporta la energía necesaria, que genera una combustión lenta de azúcar en la sangre, que da satisfacción y que no se necesita comer al poco tiempo de ingerirla.

Por ejemplo, si un día fresco, nublado, comemos arroz cocinado con mucha agua y verduras al vapor, probablemente, a las pocas horas necesitemos comer nuevamente.

O si ese mismo día desayunamos sólo fruta y té, al mediodía estaremos voraces frente a la comida. Si un día de sol o en plena primavera o verano comemos alimentos demasiado cocidos, tendremos exceso de energía, lo cual también es un desequilibrio, y eso nos llevará a consumir luego, para equilibrar nuestro estado, azúcares, ya sea en forma de repostería, helados o alcohol.

Una alimentación energética, es decir, que tenga la energía necesaria para cada persona, ni en exceso ni en falta, aporta fuerza, vigor, no genera ansiedad ni insatisfacción. Luego de ingerirla, se puede dormir bien, la mente no se dispersa, hay capacidad de concentración, el humor está estable, uno no se siente enojado ni tiene desbordes emocionales.

Cuando la comida tiene la suficiente energía, el intestino funciona adecuadamente, no hay contracturas, la mente no está parloteando todo el tiempo, la persona tiene la posibilidad de encontrar momentos internos de silencio.

Una alimentación basada en cereales integrales (arroz, cebada, avena, centeno, mijo, maíz, quínoa, amaranto, trigo), proteínas vegetales (soja, lentejas, garbanzos, porotos en general), semillas (sésamo, zapallo), frutas secas (nueces, almendras) y frescas, aceites de primera presión en frío, como el de oliva, algunos productos animales, como los quesos, yogures y huevos orgánicos, verduras crudas y cocidas aportan energía.

Ahora bien, no solamente se trata de tener en cuenta la calidad de los alimentos ingeridos, sino también de las combinaciones entre éstos, la forma de cocinarlos, qué es importante evitar, qué conviene consumir con qué, cómo ingerir las proteínas, cuáles son las hierbas más convenientes para cada persona, cuántas veces podemos ingerir determinado cereal, proteína o verdura durante la semana y cuáles de ellos pueden formar parte de la ingesta de todos los días, así como cuáles deberían ser para consumo ocasional, qué condimentos son necesarios para unos y otros alimentos, etcétera.

Todo esto depende de cada persona en particular y de su problemática y características individuales.

Alimentos que aportan energía y alimentos que quitan energía

Hay alimentos que implican un trabajo excesivo para el organismo para poder digerirlos. Por ejemplo, si una persona está atravesando un momento de cansancio, fatiga, está convaleciente o necesita concentrar su energía para resolver un problema concreto de salud o armonizar sus emociones, tendrá que prescindir de tomar café o mate, o de ingerir azúcares o frutas azucaradas, carnes, harinas y alimentos dulces en general. Todos estos alimentos generan mucho gasto de energía para poder digerirlos, ya que sobrecargan las funciones corporales.

En momentos en que el cuerpo se siente cansado, cuando hay fatiga corporal o mental, es importante consumir alimentos cocidos, para poder digerirlos fácilmente, tales como cereales, verduras, frutas que no contengan mucho azúcar, huevos, pequeñas porciones de queso no estacionado, es decir, con poco tenor graso, semillas livianas, tales como las de zapallo o girasol tostadas. Las nueces y almendras contienen mucho aceite y, a veces, son difíciles de digerir, no deben utilizarse para consumo cotidiano.

Las proteínas son alimentos densos que aportan energía, y en momentos en que ésta falta, tal vez, haya que ingerir una mayor cantidad de aquellas, cuidándose de no excederse, ya que el exceso genera la misma sensación que la falta. Las proteínas animales son las carnes, los huevos y lácteos; las proteínas vegetales son las legumbres (porotos de: soja, aduki, negro, lenteja, garbanzo, etc.) y también el zeitán que es el gluten de trigo.

Los cereales y proteínas aportan energía, pero es necesario consumirlos con verduras para que ayuden a drenar, ya que suele ocurrir que todo lo que aporta energía, si se consume en cantidad y no se le agrega el agua, la verdura o fruta suficientes, sobrecarga las funciones corporales y acaba desenergizando, y luego, la persona busca los azúcares para compensar.

La madurez o inmadurez emocional con relación a la elección del alimento

La respiración es el primer vínculo que tenemos con la vida, el alimento, el segundo. Si no respiramos, no vivimos, si no comemos, tampoco.

El ser humano desde el momento en que nace necesita el alimento, primero es la leche materna, luego el biberón, y así van sucediéndose diferentes tipos de comidas. De niños, cuando apenas lloramos o si estamos molestos, nos dan comida. El primer sabor al que nos acercamos es el dulce, ése es el sabor de la leche materna. De pequeños, frente al enojo, la tristeza, el llanto, aparece el pecho de la madre o el biberón, o la galletita dulce o la golosina o el pedacito de pan. Por ende, ya desde temprana edad canalizamos la angustia por medio de la comida y desarrollamos el sentido del gusto, distinguimos diferentes sabores y, en general, para el niño el dulce es el sabor preferido. No es extraño, entonces, que de adultos busquemos la comida como forma de llenar el vacío, de buscar afecto, contención, que busquemos el sabor dulce o las harinas para llenar nuestro vacío existencial.

La comida es fuente de vida, es la vida misma. La forma de vincularnos con el alimento es la forma en que nos vinculamos con todo.

Si somos posesivos, exigentes, celosos, carentes y necesitados, comemos de la misma manera que actuamos con nuestros vínculos afectivos. Si existe inmadurez emocional, si seguimos apegados al niño que fuimos, si continuamos esperando de los otros la solución para nuestros problemas, el alimento que elijamos estará teñido de estas características. El niño busca sólo placer, diversión, entretenimiento; si continuamos siendo niños, buscaremos en el alimento solamente esto.

Alimentación para el cuerpo y el alma

Podemos decir que existe madurez emocional cuando la persona puede hacerse cargo de sí misma, cuando puede ver a los otros y no sentirse el centro del Universo, sino que se siente parte de todo, cuando no niega su realidad, cuando no pone en los otros ni en la vida la responsabilidad de cuanto le ocurre.

En general, sucede que nos cuesta madurar, convertirnos en adultos y dejar ir al niño o niña que fuimos. Tratamos de perdurar el estado infantil. Cuando se es niño, no se ve al otro, uno está autocentrado, actúa "egoicamente", necesita recibir y no tiene capacidad de dar.

Suele ocurrirnos que de adultos mantenemos al niño que fuimos, encontramos ciertas ventajas actuando con inmadurez, creemos falsamente que manteniendo ese niño que fuimos recibiremos más afecto, más atención, tal vez, lo mismo que recibimos en la infancia. Sucede también que vivimos esperando de otras personas lo que sentimos que fue carente en la infancia o lo que nuestros padres no nos dieron.

Cuando comemos irracionalmente, seguimos perpetuando al niño que tenemos dentro, no queremos crecer.

Comer de acuerdo con la personalidad

Comúnmente, las personas comemos sin pensar, no hay razonamiento acerca de qué es lo que conviene o no en función de la manera de ser y actuar.

Si una persona es extrovertida, dinámica y activa, realiza actividades físicas continuamente, está en movimiento gran parte del día; su comida tendrá que contemplar estas características, para ayudarla a equilibrarse. Si una persona es introvertida, pasiva y tiene poca energía, es más bien pensante y tiene una vida sedentaria, tal vez, porque realiza actividades mentales; en su alimentación deberá contemplar estas características para poder equilibrarla.

Hay alimentos que ayudan a salir hacia fuera, que aportan energía de acción, y otros que aportan energía de mayor sosiego e introspección. Por ejemplo, los alimentos dulces –incluidos los cereales integrales que tienen un sabor dulce, verduras como zapallo, zanahoria, papa, cebolla, miel de arroz, miel de maíz, miel de cebada, jalea de membrillo, azúcar integral, miel de abeja– tienden a descontraer o relajar, por supuesto, siempre consumiéndolos en cantidades moderadas. Lo mismo ocurre con las frutas y las verduras.

Las personalidades extrovertidas y dinámicas tendrían que consumir poca cantidad de aceites y grasas animales y llevar adelante una alimentación vegetariana.

Las personas introvertidas, tímidas y más bien pasivas no admiten en su alimentación exceso de dulces, frutas o verduras, porque éstos le quitan energía; requieren alimentos potentes, con mayor cocción, proteínas, un consumo regular de grasas, cocinar con más aceite, cereales con mayor contenido de grasas –como la avena o el maíz en forma de polenta–, guisos y verduras crudas, aunque es mejor si las verduras están cocidas y casi nada de dulces. No se trata de no incluir frutas o verduras, sino de moderar su consumo.

Es importante entender la relatividad de todo, ya que nada es permanente y hay momentos de la vida en los que si bien nuestra naturaleza es de determinada manera, puede pasar que nos sintamos con menos o más características de las que nos son propias. Así, si tiendo a tener mucha actividad y soy muy energético, pero me siento en algún momento desenergizado y cansado, entonces, tendré que cambiar la forma de comer, y viceversa.

Comer de acuerdo con el clima

No es la misma comida la que se tiene que ingerir en un lugar de clima húmedo que la que se consume en un lugar de clima seco, tampoco es igual el alimento que se consume en un clima cálido que en uno frío, o en un clima de montaña que en el de mar. Tampoco tenemos que comer igual en invierno que en verano o en otoño que en primavera.

Cuando se vive en un lugar de clima húmedo, de por sí el organismo ya tiene una cantidad de agua que el medio ambiente le aporta, por lo tanto, es necesario consumir más alimentos que admitan la presencia del fuego, y no tanto del agua. Es decir, alimentos cocidos, frutas y verduras cocidas, más proteínas, preparaciones del tipo de los guisos, más carbohidratos en forma de cereales integrales que verduras crudas y frutas.

Si el clima es seco, significa que el organismo tiene menos agua disponible, por lo que se necesita consumir alimentos que contengan agua, de manera que la proporción de frutas y verduras tiene que ser mayor.

Si el clima es frío, necesitamos alimentos que den calor, o sea, carbohidratos del tipo de los cereales integrales, que llevan bastante cocción, así como más cantidad de proteínas que las que se consumen en climas templados o cálidos, y de grasas, por lo que es necesario usar un poco más de aceite en la cocción de los alimentos; también más proteínas vegetales cocidas, en forma de guisos de lentejas, porotos aduki, garbanzos y más consumo de derivados animales.

Si el clima es caluroso, lo cual implica una mayor presencia del sol en la vida de uno, se necesitan alimentos que contengan agua en cierta cantidad, es decir, ensaladas y frutas y consumir menos alimentos grasos, densos, menos aceites, menos carnes y lácteos, pero incorporar cereales y legumbres preparados en ensaladas con verduras frescas.

¿Cómo como lo que como?

Éstas son preguntas que uno debería hacerse en el momento de comer: cuando como, ¿estoy atento a qué como?, ¿sé cuáles son los ingredientes de cada comida y cómo estuvo hecha?, ¿quién la hizo?, ¿como pensando en lo que estoy comiendo o como pensando en lo que tengo que hacer después de comer, o lo que hice antes, o lo que tengo que hacer mañana?, durante un almuerzo o cena,

¿como conversando todo el tiempo con los otros comensales?, ¿como apurado, porque tengo que salir rápido?, ¿como ansioso, porque devoro la comida, tratando de llenar un espacio de insatisfacción con ella?, ¿como apreciando cada bocado o como llenando un vacío? Comer debería ser un acto de meditación. Cuando se medita, se está atento a cada pensamiento, a todo lo que ocurre externa e internamente, por eso decimos que comer es meditar, es estar atento a cada bocado, masticar hasta convertir en líquidos los sólidos y recién así poder tragarlos, es desmenuzar cada bocado, es como masticar los pensamientos, estar permanentemente atento.

Es importante que cada uno examine si come por hambre, si aprecia el alimento, si es que se busca llenar el vacío existencial, si no hay voracidad, glotonería, si se trata de tragar para llenar, si se es austero, humilde o si se es compulsivo, ansioso.

Si se aprende a masticar los sólidos hasta licuarlos y recién ahí se deja que vayan hacia la garganta y se tragan, la mente se tranquiliza, la ansiedad disminuye, se aprecia lo que se está haciendo; no hay apuro, hay sosiego, hay conciencia de hacer lo que en cada momento corresponde, cuando se come, se come, no se está en otra cosa.

Al comer masticando una y otra vez, la química del cuerpo cambia, la sangre adquiere una buena calidad, porque al masticar la saliva segrega una enzima llamada ptialina, que al mezclarse con el alimento alcaliniza la sangre.

Esta forma de comer permite apreciar cada bocado, la satisfacción es mayor y no es necesario comer en cantidad, ya que al masticar la búsqueda de satisfacción es menor, ésta se da naturalmente.

La búsqueda de placer y la insatisfacción

La comida tiene que ser sana y, además, sabrosa al paladar, debe dar la posibilidad de satisfacción y placer. Pero cuando buscamos afanosamente la satisfacción y el placer, es porque estamos insatisfechos, y también ocurre que cuanto más dolor tenemos, más necesidad de placer sentimos.

Tratamos de paliar con la comida, por ejemplo, la frustración de no sentirnos contentos con nuestra vida, de sufrir y no encontrar la dicha que anhelamos. Comemos dulces, panes, quesos, golosinas, gaseosas, alcohol, buscando engañosamente en ellos una satisfacción que no la vamos a encontrar ahí.

En general, nos sentimos disconformes. Un cierto grado de disconformismo es necesario que exista, para cuestionar, para modificar, para transformar. Pero el disconformismo "porque sí", el que siempre está instalado, se asemeja al del niño que nunca está conforme con el juguete que le dan, que pasa de un juego a otro.

Cuando se está eternamente insatisfecho, se está siempre esperando; la necesidad de recibir es mayor que la de dar. Cuando la vida de una persona está centrada casi exclusivamente en sí misma, hay insatisfacción.

Cuando se madura, cuando se comprende profundamente el dolor y los momentos traumáticos de la vida, cuando éstos se ven, no se niegan; cuando hay un exponer, un "sacar fuera", que limpia, uno comienza a hacerse cargo de sí mismo.

Cuando existe una actitud de confianza en la vida, en los otros, cuando hay un ver sin ilusión, cuando uno es consciente de la insatisfacción, cuando uno ve claramente la necesidad de reconocimiento, cuando no se espera llenar vacíos con nada, no se busca en la comida el sustituto afectivo o la fuente de placer.

Entonces, el placer se siente por el hecho de tener una actitud amorosa frente a la vida, frente a los otros, frente a cada cosa que uno hace, comer, atender a otros, limpiar, cocinar, cuidar, vender, trabajar.

La obsesión por la comida

Obsesionarse significa focalizar la mente en una idea y pensar todo el tiempo en eso. Ese pensamiento obsesivo no deja espacio ni tiempo para otra cosa. Si se piensa mucho en algo, no existe la capacidad de contemplación, la conexión con los sentidos, con las sensaciones, el poder deleitarse con una música, con el canto de los pájaros, con el sabor de una comida.

Tapamos nuestra vida con ese pensamiento obsesivo. De esta forma, no se percibe, no se siente, es una manera de insensibilizarse para no sufrir, para no conectarse con el propio dolor o la propia realidad.

Pensar incesantemente en la comida es lo mismo que pensar con la misma magnitud en el trabajo, en otra persona, en algún vínculo o situación en particular.

Uno piensa porque se siente inseguro y cree que pensando va a estar más seguro. Uno piensa mucho en aquello que más inseguridad le genera.

¿Por qué uno puede llegar a pensar tanto en la comida? Uno piensa en qué va a comer en el almuerzo cuando es aún la mañana, uno piensa qué va a comer mañana cuando todavía es de noche.

Aunque pensar racionalmente en la comida, es decir, no mecánicamente, también es bueno y necesario, porque hay que prever qué elementos se necesitan, qué compras hay que realizar, qué espacios de tiempo son necesarios para elaborar el alimento, cómo uno se organiza, qué se necesita comer en función de cómo uno se siente un determinado día en particular.

Cuando hablamos de obsesión, nos referimos a un pensamiento mecánico que insume varias horas del día y que a cada momento uno mismo se descubre pensando en eso, por ejemplo, en qué va a comer.

Cuando se piensa demasiado en la comida es porque se espera con ella llenar un vacío y porque, en realidad, uno se siente hueco, vacío.

En el acto de comer hay una gran satisfacción, se espera ese momento para encontrar placer, porque fuera de ese instante hay dolor, hay una gran herida que se trata de tapar.

En los momentos en que uno se siente inseguro, al

pensar y pensar, pareciera que surge una sensación de seguridad, es como tener la cosa anhelada más cerca. Luego, cuando eso anhelado ya está presente –en este caso, la comida, al terminar de comerla–, la sensación de inseguridad vuelve nuevamente.

Existen personas que aunque no piensan en comer todo el tiempo, piensan qué les hace bien y qué les hace mal, también de forma obsesiva, y si comen algo que supuestamente les hace mal, se sienten culpables. Esto puede tener que ver con la desconfianza, el no creer en las propias fuerzas, el no confiar en la propia capacidad de metabolizar o aceptar tal o cual alimento.

En este punto, es importante descubrir que, en verdad, uno no cree en la propia fuerza corporal, en la inteligencia que su organismo posee, en la propia capacidad de revertir procesos, en la confianza o no en la vida.

La hipoglucemia y la comida

¿Se come sólo por hambre?

Muchas veces, buscamos el alimento no porque tenemos hambre, sino porque nos sentimos sin fuerzas. Se suele confundir el tener hambre con el sentirse desenergizado.

El azúcar de la sangre, llamada glucosa, según el momento, puede estar en el organismo en niveles altos o bajos, en función de que exista una combustión rápida o lenta de ella. En este último caso, tenemos una energía perdurable; pero si la combustión es rápida, ocurre como con las llamas de un pajar, se enciende rápidamente, aunque también rápidamente se apaga.

Hay ciertos alimentos que generan una sensación de hipoglucemia, debido a que la glucosa o azúcar de la sangre ha tenido una combustión rápida. Las harinas blancas, los azúcares en general, especialmente el azúcar blanco y todo lo que está elaborado con éste, el arroz blanco, o sea, todo producto refinado, generan una combustión rápida de azúcar.

Las carnes y las grasas, al consumirlas en exceso, crean la necesidad de azúcares y también bajan la glucosa. Las personas que consumen mucha carne o grasas suelen necesitar beber vino o alcohol, que es una forma de consumir azúcares. En cambio, los cereales integrales son azúcares complejos que producen una combustión lenta de azúcar en la sangre (glucosa), lo mismo ocurre con las verduras dulces, como zanahoria, cebolla, zapallo y también algunas legumbres.

El desequilibrio químico y la necesidad de diferentes tipos de alimentos

Si la química del organismo se encuentra desequilibrada, los órganos también funcionan desequilibradamente: el hígado, los intestinos, los riñones, el corazón, el bazo, el páncreas, etcétera.

Los órganos se desequilibran como producto del estrés, del exceso de alimentación, del exceso de grasas, harinas, azúcares y cafeína; también por la baja del sistema inmunológico.

Si bien existen aspectos psicológicos que hacen buscar determinado tipo de alimentos, el desequilibrio químico se produce a partir de la elección de ciertos alimentos o bebidas. La necesidad de dulces puede tener su origen en la sobrecarga del hígado –que en este estado también pide harinas–, el estómago, el bazo y el páncreas, que, a partir de la ingesta de este tipo de alimentos, se sienten aliviados. Cuando el intestino está flojo y expandido, el cuerpo pide alimentos sin fibras, como harinas blancas, carnes y quesos. La sensación es de baja energía, entonces, la necesidad es de algo que dé potencia. Y si el intestino está contraído y hay constipación, el cuerpo pide fibras, verduras, frutas y, a veces, hay hasta voracidad en la comida, porque parece que naturalmente habría que cargar más el organismo para luego generar una descarga mayor, esto es, cuanto más constipado se está, más se come.

Cuando hay una sensación de debilidad, de falta de energía, se busca el mate, el café, la carne y los quesos. Cuando la sensación es de tensión, se busca el alcohol, el azúcar y el pan.

Muchos de estos alimentos actúan como "latigazos", en el momento de consumirlos dan mucha energía, pero luego viene nuevamente la sensación de cansancio o desenergización, por ende, se vuelve a buscar el café, el pan o lo dulce para levantar la energía otra vez. La carne, por ejemplo, actúa de la misma manera: en el momento del consumo otorga sensación de fuerza, aunque después el organismo va acumulando toxinas y se necesita cada vez más carne para continuar teniendo energía.

En el consumo de alimentos *diet* y *light*, que las personas consumen, supuestamente, para bajar de peso, hay algo perverso, debido a que sobrecargan la función hepática y, luego, la necesidad de ingerir harinas y carbohidratos es aún mayor.

¿Qué genera el exceso de nutrientes?

Hoy se sabe cuál es la importancia que tienen los alimentos que contienen fibras para que exista un buen estado de salud. Pero es necesario señalar que la falta de fibras genera el mismo problema que su exceso.

En todas las revistas de consumo masivo, se publicitan los beneficios del salvado, las semillas de lino, el sésamo, las almendras, nueces, germen de trigo, levadura de cerveza, chía, maca, etcétera. Si bien estos alimentos son buenos en sí mismos, ya que contienen muchos nutrientes, consumirlos sin criterio puede provocar problemas diversos.

La gente consume más de lo que necesita, en todos los órdenes…, y en la alimentación también. Cuando hay exceso de nutrientes, el hígado y el estómago pueden no tolerarlo, se desequilibran la vesícula y los órganos de la digestión, por lo que el intestino se resiente y aparecen constipaciones o flojedad intestinal, también insomnio, dolores de cabeza, contracturas y mal humor.

Muchas personas creen que comiendo cantidad de nutrientes han de generar mayor fortaleza; mezclan semillas de lino, con almendras, salvado, trigo, sésamo, ricota, yogur, quínoa, amaranto, entre otros alimentos. A veces, estas combinaciones son explosivas: buscando la fortaleza, uno termina debilitándose todavía más.

Habría que entender, en estos casos, si realmente comiendo muchos nutrientes uno se fortalece o si habría que investigar la sensación de debilidad y su origen.

Uno se siente débil y busca con el alimento amortiguar esta sensación, creyendo que comiendo de más o ingiriendo alimentos "potentes" remediará dicha debilidad. En ocasiones, estas conductas generan sobrecargas digestivas y circulatorias que terminan haciendo más frágil la propia condición.

Habría que preguntarse de dónde viene esta debilidad. Puede ser que tenga un origen puramente físico y sea la consecuencia de alguna enfermedad que se ha tenido y se esté convaleciente. Puede ser que haya una anemia a causa de otros factores. Puede ser también que uno se vea delgado y crea, erróneamente, que comiendo de más va a resolver ese estado. En general, ocurre que cuanto menos se come, los órganos se equilibran y se asimila mejor el alimento; justamente, se aumenta de peso de esta manera.

Pero muchas veces la debilidad está asociada con algo referido sólo al plano emocional, con la sensación de "pobrecito" que uno tiene enraizada. Esta sensación de "no poder", de impotencia, lo lleva a uno a consumir muchos nutrientes, con lo que el intestino y el hígado se debilitan, no se asimila lo ingerido y uno más débil se siente. En la mayoría de los casos, la salud adviene no por el sumar, sino por el restar. Cuanto más cosas se sacan y más simple es la comida, menos desperdicio de energía habrá y más fortalecido uno estará.

La ansiedad

Etimológicamente, la palabra "ansiedad" significa 'ansiar ser', es decir, ser algo diferente de "lo que se es". Estar ansioso implica no aceptar el momento que se vive, no aceptar la realidad de uno, "lo que se es". En este estado, uno no está conforme con lo que es, con su realidad, con los otros, con la vida, uno quisiera que las cosas sean diferentes. En esa no aceptación de la realidad y en ese anhelo por que las cosas sean distintas, se tapa el dolor de "lo que es", ya sea comiendo, fumando, bebiendo, trabajando o pensando obsesivamente en algo, parloteando con la mente incesantemente.

En la situación en la que uno está atento y entonces comienza a desmecanizar sus actos y sabe por qué come lo que come, sabe por qué no mastica, por qué come rápido, por qué toma otra porción si con una es suficiente, por qué se maneja solamente por impulso o por qué bebe sin parar, justamente, cuando se desmecanizan los actos y se está atento a cada instante, cuando se vive conscientemente, no hay ansiedad, hay comprensiones, no hay impulsos, tampoco hay represión ni imposición, hay capacidad de reflexión, de sentir y vivenciar.

Es necesario estar consciente de cada bocado que uno ingiere, saber por qué se come la galletita a pesar de haber comido satisfactoriamente, por qué se toma café o mate o por qué se necesita beber el vaso de vino o comer la torta de chocolate. En ese "porqué" uno se autodescubre. Se trata no de juzgar la respuesta, sino de ver el propio comportamiento y ser consciente de él. En esa conciencia sin juicio hay transformación.

Pero para que esto ocurra, para poder ver y verse sin juicio, es necesario tener energía, ganas, cierta vitalidad. Para tener energía, por alguna punta del ovillo uno tiene que comenzar. En principio, para desmecanizar los pensamientos y estar atento se necesita descansar, comer lo mejor posible, hacer actividad física, estar impregnado lo más que se pueda de naturaleza.

El uso de cereales integrales para el equilibrio emocional

Los cereales integrales son los alimentos que proveen vitamina B, que regula el funcionamiento del sistema nervioso, de manera que el consumo de éstos es fundamental para el equilibrio emocional.

Los cereales integrales fueron los primeros alimentos que surgieron en el planeta Tierra. En la escala evolutiva, son los que están en una línea de mayor polarización respecto del ser humano.

Lo primero que aparece en la Tierra con la vida son los cereales, y la evolución continúa hasta la aparición del ser humano. De ahí que, por ser el alimento más polarizado con relación al hombre, es el más recomendable para ingerir, ya que cuanto mayor es la polarización, mayor es la armonía.

Los cereales integrales tienen, además, otros nutrientes; contienen sílice, que por un proceso de transmutación biológica se transforma en calcio dentro del organismo.

Cuando una persona comienza a ingerir cereales integrales, tales como arroz, trigo, mijo, avena, etcétera, su nivel de ansiedad disminuye, su estado de ánimo cambia. Comienza a haber mayor energía y predisposición frente a la vida. Por esto es importante consumirlos diariamente, ideal si es en cada comida, almuerzo y cena.

Por supuesto, sus efectos van a funcionar en un contexto donde no se incluyan excitantes del sistema nervioso. De nada serviría consumir cereales integrales y tomar café, consumir en exceso carnes, grasas o azúcares.

Así, en algunos países, como Inglaterra, se ha desterrado el tipo de comida rápida de las escuelas primarias y secundarias; se les da a los niños y jóvenes un menú basado en cereales, legumbres, verduras y frutas: se ha observado que ha bajado el nivel de violencia en niños y jóvenes. Otro ejemplo surge en una cárcel en Lisboa, allí se realiza la experiencia de darles este tipo de alimentación a los presos, quienes han modificado sus comportamientos, y en algunos casos se ha disminuido el tiempo de prisión.

El condicionamiento familiar con relación a la forma de comer

Cada familia tiene su forma particular de comer. Los niños comen, en líneas generales, lo que sus padres comen. Cuando en la casa la comida es carne, queso, pollo, pan y gaseosas, los niños comen eso y difícilmente aceptan comer verduras y otros tipos de sabores, porque estos alimentos no son aceptados por los padres. Pero si en el hogar se comen cereales y verduras, los niños aceptan estos tipos de alimentos apenas dejan de ser lactantes.

A lo largo de nuestra vida, comemos según cómo fuimos acostumbrados, en función del tipo de comida que recibimos de pequeños. El gusto o el disgusto por uno u otro alimento suele estar íntimamente relacionado con el condicionamiento familiar, es decir, con lo que nos acostumbraron a comer o no desde niños, y hoy, siendo adultos, funcionamos como niños diciendo: "esto me gusta, esto no me gusta".

Nos cuesta cortar con las costumbres que adquirimos en la infancia y abrirnos a lo nuevo, a diferentes sabores, a lo que puede ser beneficioso para uno; estamos condicionados por la historia familiar. Así, hay casos de personas que aún a los cuarenta años comen sólo carne, pan, pastas, huevo, pero nada de frutas, nada de verduras; sucede que la comida a la que han estado acostumbradas desde la niñez es ésta.

Cuando la alimentación de una persona es variada e incluye varios tipos de alimentos, su mente se abre, acepta la vida y sus diferentes circunstancias, también a los otros como a sí misma.

Y cuando la alimentación es estrecha y siempre se come lo mismo, hay un autoencierro. Aunque hay momentos en que, por una necesidad particular, porque la persona tiene que cuidar su condición psicofísica, necesita comer austeramente durante un tiempo el mismo tipo de comida. Pero cuando siempre se come lo mismo debido a que a uno "no le gusta" tal o cual comida o cuando, en un plato, hay que sacar algún ingrediente, por ejemplo, la zanahoria, la cebolla o las pasas de uva, no porque a uno le haga daño, sino porque "no le gusta", es necesario examinar qué hay detrás de ese "no me gusta".

Al examinarse esto, puede uno encontrar que no termina de cortar con el niño que alguna vez fue, con la infancia, con la necesidad de esperar algo, con ese aspecto infantil del querer recibir... Uno puede llegar a ver que está cerrado a lo nuevo, que mantiene una actitud caprichosa, que no se siente capaz de razonar, de actuar con madurez. Uno puede llegar a darse cuenta de que su necesidad es que "lo de afuera" se acomode según uno mismo y que uno no tiene capacidad de adaptación.

En fin, poder reconocer todo esto es muy ventajoso, dado que se encuentra un material valioso, a partir de esa investigación, para poder crecer y entender los comportamientos y elecciones en relación con la comida, que luego terminan expandiéndose a otros órdenes de la vida.

Muchos niños manipulan a los padres a través del alimento, especialmente a la madre, se rebelan buscando no comer o comiendo sólo ciertos alimentos, y los padres se desesperan, quieren que coman verduras, frutas o lo que sea, y estos niños tratan de manejar la atención de sus padres a partir de esta rebeldía. Luego, de adultos, ya no tienen contra quién rebelarse, pero repiten el mismo comportamiento, perjudicándose a ellos mismos porque se "cierran" con respecto a comidas o alimentos que pueden ser buenos para ellos.

El vínculo con la madre

La comida tiene que ver con la madre. La madre es la proveedora del alimento, por lo menos, los primeros años de vida. Sabemos también que lo que ocurre los primeros años queda prendido a fuego en uno, queda enraizado, registrado corporal y psíquicamente.

La madre es la nutrición, nuestra forma de comer tiene que ver con ese vínculo. De cómo haya sido esa relación depende cómo vamos a alimentarnos el resto de nuestra vida. Solamente cuando comenzamos a madurar podemos cortar esa dependencia afectiva, vincular, y funcionar, entonces, desde uno mismo, más allá de ese vínculo, de la necesidad de madre.

La voracidad frente a la comida tiene que ver con una gran necesidad de afecto y de llenar un vacío interno. Es importante revisar el vínculo materno, porque la satisfacción o insatisfacción respecto de éste tendrá que ver con la actitud de la persona con la comida y la necesidad de esperar que desde fuera se llene su propio manantial de afecto.

La anorexia también tiene que ver con el vínculo materno. Esta falta de interés por la comida es el desinterés por la vida.

El alimento se relaciona con el afecto, el amor. Cuando nos cuidan, de niños, y nos dan de comer con paciencia, dedicación, sin apuro o desinterés, sin angustia por si comemos o no lo hacemos, nos están dando amor. Luego, cuando crecemos, si no hay interés por la comida o si hay obsesión por ésta es porque la relacionamos con el desamor y el amor. Todo esto, además, tiene que ver con los vínculos primarios: ¿cómo me daba mi madre de comer, cómo me cuidaba, estaba a gusto, lo hacía con indiferencia, estaba conmigo realmente, se interesaba por mí o estaba su mente y su cuerpo en otra cosa y lo que hacía lo hacía por obligación?

La importancia de la conexión con el dolor de la infancia

El desequilibrio con la comida no pasa sólo por ser obsesivo o indiferente, sino también, por ejemplo, por ese vaso de vino que sé que no me hace bien, o el mate que no puedo dejar de tomar, o la masita que como sabiendo que no es buena para mí. Por eso, para poder sanar, "curar" nuestra relación con la comida, necesitamos conectarnos con el dolor primario.

Existe el dolor de la humanidad, el que sentimos por el hecho mismo de ser humanos; existe el vacío existencial y a ese vacío le tememos, y el temor nos produce dolor. Pero también está el dolor primario del vínculo con los padres, que queda fijado en uno. Cuando se han vivido situaciones dolorosas, que todos hemos tenido, repercuten a lo largo de toda nuestra vida. Si no las exponemos, no las vemos, no nos adentramos en ellas, si no nos metemos en carne viva y las expresamos, las dejamos salir, no podremos trascender el dolor.

Cuando ese dolor se vivencia nuevamente, se expone, se ve, se comprende, cambia la vida de un ser humano y, entonces, el vínculo con la comida también cambia, se equilibra.

¿La comida sustituye al amor?

Uno busca en la comida el amor, trata de llenar la carencia. Por un lado, necesitamos exponer el dolor, verlo descarnadamente, sumergirnos en él. Pero, por otro lado, necesitamos también darnos cuenta de que el dolor propio no es distinto al del resto de la humanidad, que si lo vemos desde el "autocentramiento", sintiendo lástima por nosotros mismos, justificando o rechazando, nos llenamos de mayor debilidad y así continuaremos buscando tapar ese dolor con algo, llámese comida o lo que sea.

Si nos adentramos en el dolor, comprendiendo los propios mecanismos de la mente, que son los mismos que los de cualquier ser humano, lo cual significa la necesidad de recibir, de ser querido, valorado, el miedo a la soledad, la confianza o desconfianza hacia la vida toda, si somos conscientes del condicionamiento familiar y social, si comprendemos nuestros vínculos primarios, si vemos cómo la corriente colectiva influye en nuestra forma de actuar y pensar, si vemos cómo la búsqueda de seguridad nos saca de nuestra posibilidad de equilibrio, porque vivimos temiendo "no tener", entonces, al exponer el dolor, desde esa actitud, se generará una condición diferente en uno y otra cualidad energética, habrá madurez, inteligencia, capacidad de sentir y razonar.

Desde esta perspectiva, el vínculo con la vida cambia y con la comida también.

EL VÍNCULO CON LA COMIDA

La respiración es el primer vínculo que tenemos con la vida. El segundo vínculo es el alimento. En el mismo momento en que nacemos, luego del primer soplo de vida, recibimos alimento a través del pecho materno.

Ambos vínculos, el aire –es decir, la respiración– y el alimento, son fundamentales y vitales para funcionar en la vida.

Luego, partiendo de una buena respiración, capacidad de inhalar, exhalar y ser consciente de ello, de un buen vínculo con la comida y el alimento cotidiano, podremos tener una relación armónica y equilibrada con el afuera, esto es, con los afectos, los otros en general, la capacidad de dar y recibir, el amor, el vínculo con la tarea laboral, la naturaleza, etcétera. Los seres humanos existimos en función de nuestros vínculos, de nuestras relaciones, "somos" a partir de la conexión con los otros. La vida es relación, si no existiera el afuera, lo otro y los otros, dejaríamos de ser "humanos". Se "es" sobre la base de la existencia de otras cosas.

La manera en que me expreso al hablar, la forma en que camino, cómo me visto, cuáles son mis gustos al comprar, la forma de sentarme, de dormir, de mirar al otro, la música que escucho, cómo bailo, gesticulo, cómo me relaciono con el dinero, con la sexualidad, cómo cuido el automóvil, el hogar, la bicicleta, la moto, mi cabello... Todo esto está diciendo cómo soy, qué siento, qué pienso, qué hay en mi interior, cómo percibo la vida.

Asimismo, la comida, nuestros gustos particulares respecto de cada alimento, la necesidad de comer esto en lugar de aquello, la cantidad que se ingiere, el cocinar o no hacerlo, el rechazo o la atracción por ciertas comidas, la forma racional o irracional de comer, la dependencia o no de ciertos alimentos y de quién los elabora, el registro o no de cómo nos cae lo que comemos... Todo esto también habla de uno, de sentimientos, de emociones, de la forma en que se vive, de cómo se encara la vida.

En general, no se le da importancia a la comida del día a día. Es un acto mecánico. Se tiene hambre y se come, comúnmente lo que a uno le gusta, lo que hay. Se busca en el comer encontrar únicamente el placer, que sea rico. Pero además de que la comida sea sabrosa, placentera, el ingrediente de lo saludable tiene un valor fundamental en nuestra posibilidad de bienestar.

Comentarios comunes de las personas con relación a la comida

Al analizar cada uno de estos comentarios, podemos ver la veracidad que hay o que no hay detrás de cada uno de ellos. De esta forma, podemos llegar a ser conscientes del vínculo que se tiene con la comida y la forma de relacionarnos con ella.

"Necesito tomar hierba mate para que funcione bien mi intestino"

En Sud América, especialmente en la zona del Uruguay y la Argentina, la hierba mate es de uso popular. Según el Dr. Scolnik, en su libro *La mesa del vegetariano*, editorial Lidium, la hierba mate contiene un alcaloide, la cafeína:

Ésta contiene un promedio de 1,15% de este alcaloide, que puede llegar a un máximo de 2,20%, según análisis efectuados en la Estación Experimental de Loreto (Misiones, Argentina). Puede considerarse que un buen matero ingiere entre 1,5 a 2 gramos de cafeína diarios y hasta hay personas que lo ingieren en una cantidad mayor.

Además de ser un excitante del sistema nervioso, es acidificante de la sangre y genera la posibilidad de aflojar el intestino. Muchas personas consumen hierba mate por esta última característica, especialmente las mujeres, que lo toman por la mañana, antes de ir a trabajar, como forma de lograr que su intestino funcione y entonces puedan evacuar antes de salir de sus casas.

En principio, uno debería plantearse por qué el intestino está contraído, en lugar de buscar una solución que afecta negativamente a su organismo.

La cafeína es un excitante del sistema nervioso que estimula la segregación de adrenalina. Y ya bastante adrenalina tenemos todos los seres humanos que habitamos hoy el planeta Tierra. Hay una vibración de excitación, estrés y ansiedad en cada uno de nosotros; vivimos el mismo estrés que nuestro planeta vive. Somos una masa homogénea, el plantea y todos los seres vivos y no vivos que lo habitamos, lo que pasa fuera de nosotros también pasa dentro nuestro. Ingerir cafeína diariamente es como querer apagar un fuego con un fuelle. Esto quiere decir que, a partir de este consumo, más excitados, nerviosos y estresados estaremos.

La cafeína se ingiere también como estimulante, porque el hecho real es que no se tiene una energía genuina, se está cansado, agotado y se busca compensar con algo exterior lo que internamente no existe. Lo que existe es cansancio, fatiga, desazón, y se consume cafeína –café, mate, té negro, bebidas cola– para estar alerta, atento, es una droga que nos saca del estado en que estamos para ponernos en otro diferente, de mayor energía.

Si algo está actuando como excitante del sistema nervioso, entonces, está alterando nuestro ritmo circulatorio y, por ende, el normal funcionamiento del corazón. Cuando el ritmo circulatorio se altera, es decir, cuando la sangre no circula normalmente, los órganos como los riñones, el hígado y el intestino tampoco funcionan adecuadamente, generándose una exigencia en toda nuestra condición; a partir de este esfuerzo, baja el sistema inmunológico, lo que nos debilita.

Se sabe también que la cafeína quita minerales del cuerpo, ya sea calcio de los huesos, hierro de la sangre, yodo, magnesio, zinc, etcétera.

¿Existen otras formas de mover el intestino adecuadamente y de tener energía para funcionar en el día a día?

Sí existen. Una función intestinal adecuada permite que se genere energía, claridad mental y que todo actúe con mayor armonía, tanto física como psicológicamente.

Se pueden encontrar varias razones por las que el intestino no funciona adecuadamente. Un intestino contraído o constipado puede estar relacionado con una función hepática sobrecargada. El hígado se carga por diversas causas: aspectos emocionales; por el consumo de cafeína, químicos en general, grasas saturadas (quesos, leche, manteca, carnes), harinas refinadas, azúcares y alcohol; por el exceso de comida.

Cuando el hígado se carga, las toxinas no se eliminan a través de sus canales habituales, por lo que los mecanismos de descarga del organismo se ven limitados. Debido a la sobrecarga, la capacidad de eliminación disminuye.

Asimismo, una forma de ser, un modo de funcionar frente a la vida, por ejemplo, una actitud retentiva, tensa, contraída, resistente a los cambios, actúa impidiendo el normal funcionamiento de los órganos de descarga; es una manera de no querer dejar ir o dejarse ir.

El consumo de harinas blancas, quesos y carnes, todos alimentos contractivos, impiden el buen funcionamiento intestinal, es decir, que se pueda eliminar las heces diariamente en forma normal.

En cambio, una alimentación basada en fibras genera un buen drenaje. La fibra actúa posibilitando una adecuada eliminación de toxinas del organismo. De ahí que es importante consumir diariamente cereales integrales (arroz integral, mijo, cebada perlada, quínoa, trigo, centeno, avena, maíz), proteínas vegetales (queso de soja, lentejas, garbanzos, porotos aduki, porotos negros, zeitán), verduras crudas o cocidas, frutas no muy azucaradas y semillas, con moderación.

Con una alimentación equilibrada, el intestino también funciona equilibradamente y, debido a esto, la energía de la que se dispone es genuina; así no es necesario buscar estimulantes para poder funcionar en el día a día.

Se trata de que lo que busquemos para resolver algo, no implique enfermar otra cosa. La hierba mate ayuda a mover el intestino y estimula el sistema nervioso, pero el precio que hay que pagar por ello es alto. Porque si el sistema nervioso está tan estimulado, hay ansiedad, nerviosismo. Esto impide poder estar atento, sensible, generar cambios en uno, tener una percepción de lo que se siente y necesita, poder vivir en paz y armonía con lo que a uno lo rodea.

"No me interesa comer sano para ser longevo, prefiero morir antes, pero darme los gustos"

¿Cuáles son las ventajas de llevar adelante una alimentación saludable?

La disposición necesaria para cumplir con las funciones propias del vivir; el dormir relajado y poder conciliar el sueño y despertar con ganas luego de un descanso apropiado; tener energía para trabajar –energía genuina, no el producto de la ingesta de estimulantes–; tener ganas de vivir, de relacionarse, de llevar a cabo la tarea diaria laboral o la que tenga que ver con el cuidado de la casa y la familia; poder estar lúcido, despierto, activo; poder tener la disposición para la autotransformación; poder contemplar la vida sin una mente que parlotee incesantemente; tener la capacidad reflexiva y racional como para vincularse mejor con los otros y poder concretar los anhelos del corazón. Comer sano implica, además, el poder acceder a un estado de libertad. Esto no significa hacer lo que uno quiere, sino poder ver los miedos, dependencias, inseguridades, poder mirar y mirarse sin juicios, sin justificaciones, y lograr, de esta forma, la posibilidad de un cambio en uno mismo.

Para poder cambiar hace falta energía, ya que se va de un lugar a otro. Y para ello se necesita fuerza, vitalidad. Por lo tanto, comer sano no es un fin en sí mismo, sino el germen para cambiar, para vivir sensiblemente. No tiene que ver con cuánto tiempo voy a vivir o si voy a llegar a los noventa y pico de años, tiene que ver con vivir con calidad el día a día, despierto, atento, intenso, con ganas y alegría.

Si no como sano –ya hemos dicho que esto significa el consumo de carnes, grasas en general, azúcares, alcohol, café, mate, harinas–, el organismo, todo el ser, tiene que hacer mucho esfuerzo para asimilar los alimentos dañinos. Es como ser parte o haber presenciado una discusión fuerte o un choque automovilístico: hay algo que se violenta, hay un exceso.

Para que todo funcione adecuadamente, tiene que haber un drenaje, todo tiene que fluir. Pero si los alimentos que se consumen tienen mucha densidad, no existe ese drenaje. Es como querer regar una planta que contiene tierra seca, dura, excesivamente compacta, es casi imposible, ya que el agua no penetra ni llega hasta las raíces, y finalmente la planta termina secándose, muriendo.

El organismo tiene que trabajar demasiado, si se come de esa manera, para que la sangre circule y drenen los nutrientes, para que exista un buen metabolismo y que la inteligencia natural del cuerpo actúe. El comer sano desarrolla la sensibilidad y fortaleza. Una persona sensible es capaz de ver a los otros, de comprender y no ataca, ni juzga, ni se enoja, porque entiende que no estamos separados, que lo que le pasa al otro es muy similar a lo que a uno mismo le sucede. Esto no significa que no se pongan límites o que uno sea permisivo, se trata de ser comprensivo, entender y poner los límites, aunque desde la ternura y el afecto.

Si, a la vez, la persona se fortalece y puede ser consciente de sí misma, de sus propias miserias, podrá dar las respuestas adecuadas frente a la adversidad.

Pasan muchas cosas en el mundo hoy en día, hay una gran suerte de deshumanización. Si no nos fortalecemos y sensibilizamos, difícilmente podremos sostener la vida, que vemos como se extingue a pasos agigantados. Aunque existen muchas personas que aprecian la vida y hacen grandes esfuerzos para que ésta siga prevaleciendo en nuestro planeta todo. Gracias a esa conciencia de aquellos que valoran la vida en toda su magnitud, a partir de su propio cuidado y el de todo cuanto los rodea, tal vez, la extinción total no ocurra.

No se trata, entonces, de vivir más años, sino de *vivir bien* mientras se vive. Es un derecho y una responsabilidad que todos portamos desde el nacimiento, por el hecho de ser "humanos"; no deberíamos encasillarnos en la corriente colectiva de competencia, desamor, celos, envidia, individualismo, consumo y materialismo.

Desde otra perspectiva, muchas de las personas que alegan esto de no querer ser longevos, sino que desean sentir placer, son personas que cuidan el medio ambiente o que se dedican a la ecología. ¿No habría una contradicción entre cuidar el medio ambiente pero no cuidarse uno mismo?... Cuidar el medio ambiente significa, por ejemplo, no consumir en exceso alimentos o cualquier otro producto. Cuidar el medio ambiente significa, por ejemplo, no ser cómplice de los laboratorios medicinales, que en aras de la ganancia no miden el daño para la salud de la gente e inventan enfermedades para vender sus productos. Cuidar el medio ambiente significa también no consumir bebidas cola que dañan la salud de las personas; este consumo permite aumentar aún más las ganancias de las multinacionales. Cuidar el medio ambiente es tratar, además, de no generar todavía más anhídrido carbónico del que ya existe.

En función de esto último, por un lado, es importante cuestionarse si consumir carne o no hacerlo. Ocurre que grandes cantidades de hectáreas son utilizadas para la cría de ganado, lo cual es una amenaza permanente para la biodiversidad, ya que esto impide el flujo natural de oxígeno en la atmósfera, porque selvas enteras son desvastadas, se eliminan cantidades de árboles, lo cual implica un exceso de anhídrido carbónico que contamina el planeta y es responsable del cambio climático.

El exceso de anhídrido carbónico en el medio ambiente también ocurre a partir de la existencia de los necrófagos, que consumen los cadáveres de animales y emiten grandes cantidades de ese elemento al medio ambiente. Consumir carne significa que existan mataderos de animales y, por lo tanto, la presencia de necrófagos.

Por otro lado, el consumo de carne es responsable –en parte– del hambre en el mundo, ya que la mayor parte del cultivo de sorgo y soja es utilizado para obtener harina de engorde de ganado, pero estas tierras podrían utilizarse para sembrar cereales, legumbres, alimentos que ayudarían a combatir este problema en el mundo entero.

De manera que el consumo de carne es en sí mismo uno de los motivos del cambio climático en el mundo.

La comida no por ser saludable ha de ser insípida, desabrida o generar insatisfacción. Una comida sana tiene que ser sabrosa, agradable de comer y brindar la satisfacción necesaria para que la persona no necesite buscarla comiendo de más.

La ansiedad, muchas veces, es el producto de la insatisfacción en el comer, debido a que la comida no tiene las suficientes calorías, carbohidratos, grasas, proteínas, minerales, etcétera, que la persona necesita para estar bien y en armonía.

Comer rico es necesario y vital. Pero cuando sólo existe la necesidad de encontrar placer en lo que se come, ¿no será que esa búsqueda habla de una insatisfacción permanente que está instalada dentro de uno? ¿Puede ser que la búsqueda de placer exista como forma de tapar el dolor? No se trata de negar el placer que una buena comida genera, tampoco se trata de buscarlo. Cuando nos sentimos satisfechos con la vida, cuando no negamos el dolor de nuestro corazón, funcionamos con adultez, con madurez.

Si somos conscientes del dolor, éste se expresa, está, y al verlo, la comida no será una manera de taparlo, tampoco el alcohol ni el cigarrillo, ni el comprar compulsivamente, ni la PC, el cine o la televisión. Cuando el dolor se hace consciente, el propio y el de toda la humanidad, no hace falta evadirse de él, simplemente está.

Los niños comen porque es rico, no tienen desarrollada su capacidad racional. Muchas veces, detrás de la actitud de comer algo "que me gusta" y no aquello "que no me gusta", actuamos desde el proceder del niño de cuatro, cinco, seis, siete u ocho años o del adolescente que fuimos en algún momento, pero que no dejamos ir.

Si comemos con la tesitura de "porque me gusta o no me gusta", en vez de hacerlo como adultos, racional y sensitivamente, apreciando la forma en que se ha cocinado, los sabores propios de cada alimento, de un tomate, de un buen aceite, de una buena cocción, de una manzana... Cuando uno está lo suficientemente sensible para apreciar las cosas como son, el gusto aparece justamente en eso, en la belleza que cada cosa emana porque sí, sin necesidad de adormecer nuestros sentidos con sabores intensos, artificiales, apreciamos el valor de lo simple, lo sencillo, lo austero, lo natural.

"No es importante lo que entra en la boca,
sino lo que sale de ella"

Mucha gente alega este comentario –según se cree, dicho por Jesús–, queriendo hacer que se entienda que no importa la calidad de lo que uno come, sino que lo importante son las palabras que emanan de uno.

Supuestamente, lo que entra a la boca de una persona es el alimento, lo que come, la calidad del mismo, sus propiedades y características. Lo que sale de la boca de una persona, además del aire que exhala, son también sus pensamientos, sentimientos y emociones expresados en palabras.

¿Puede ser esencialmente diferente lo que entra en uno de lo que sale de uno?

En algo tan biológico como la concepción, ¿puede ser diferente la calidad del semen que entra en la vagina de una mujer de la calidad de la sangre del hijo engendrado por ese mismo semen?

¿Puede ser tan diferente la calidad del aire que entra a través de mis fosas nasales a lo que exhalo a través de las mismas fosas nasales o la boca?

¿Puede ser tan diferente la calidad de lo que ingiero que entra a mi torrente sanguíneo a lo que elimino a través de mis heces en forma de materia fecal o a través de los riñones mediante la orina?

¿Puede ser tan diferente la calidad de lo que entra a través de mi boca como alimento, que luego va a mi torrente sanguíneo y hace a la calidad de mi sangre, al buen funcionamiento de mis órganos, al equilibrio de mi sistema nervioso, que las palabras que expresan mis sentimientos profundos? Ya Hipócrates, en la Antigüedad, decía que somos lo que comemos. El alimento que ingerimos hace a la calidad de nuestros pensamientos, emociones, sensaciones y sensibilidad. Porque somos una unidad, no somos un cuerpo por un lado y una mente por el otro, somos cuerpo-mente. La mente se encuentra en todo el cuerpo, no únicamente en el cerebro.

Si consumimos alimentos densos –carnes, quesos, alcohol, químicos, etc.–, es decir, alimentos que no permiten una buena circulación de la energía, de la sangre, que resultan más difíciles de digerir, seremos también ciertamente densos, rígidos, intolerantes.

La energía de los animales es violenta, primaria, primitiva. Uno es lo que come y saldrán de nosotros palabras hirientes, seremos más irascibles, celosos, egoístas.

También ocurre que las personas que son vegetarianas, que no comen carne, pero tienen una dieta desequilibrada, porque consumen mucho queso y azúcar o hierba mate y café, son intolerantes, violentas, quizá, tienen una fachada de tranquilidad, pero apenas se las contradice son fáciles de encolerizar.

Puede ocurrir que tanto el hígado como el sistema nervioso están cargados por el exceso de los alimentos antes mencionados. Si esto es así y las toxinas no se eliminan adecuadamente, es fácil entrar en estados de agresividad, enojo y ansiedad. Al revés, si una persona es cuidadosa con su alimento cotidiano, será cuidadosa en todo lo que diga, en la manera de expresarse, en cómo llegar a los demás, en la forma de tratar a los otros.

De esta manera, no es diferente lo que entra de lo que sale. ¿Será verdad lo que Jesús dijo: "No es importante lo que entra a ti, sino lo que sale de ti"? Tal vez, quiso decir otra cosa.

"Aunque me sienta mal, no quiero sentir restricciones, quiero encontrar placer en lo que como"

Muchas personas padecen algún tipo de enfermedad, como colon irritable, hipertensión, depresión, falta de energía, insomnio, trastornos de ansiedad, obesidad, osteoporosis, dolores estructurales, ciático, contracturas, fibromas uterinos y tantas más. Cualquier tipo de dolencia necesita de cuidados, no de actitudes intervencionistas como la toma de medicamentos u operaciones quirúrgicas, sino de atención, formas naturales de cuidarse, donde la alimentación juega un papel fundamental.

Si existe una dolencia de las que mencionamos anteriormente, implica que hay un desorden en la calidad de nuestra sangre y que hay, además, una sobrecarga, emocional o circulatoria, de los órganos digestivos, de toda la condición psicofísica en general.

Ciertos alimentos generan una sobrecarga importante en el organismo, además del exceso de comida, cualquiera fuera la calidad de ésta.

Cuando el organismo está sobrecargado, los mecanismos de descarga están atrofiados y las toxinas permanecen en el cuerpo. Las carnes, los lácteos (quesos, leche, crema, yogur, manteca), las harinas, el azúcar, café, mate y los alimentos "quimicalizados" originan dicha sobrecarga, ya que el organismo tiene que hacer un esfuerzo para ayudar a digerirlos. La abstención de estos alimentos permite volver a un estado de mayor armonía, no sólo física, sino psicológica. La persona comienza a tener mayor energía, el intestino empieza a funcionar adecuadamente y todo el organismo adquiere vitalidad, que hace que esa energía disponible esté actuando para resolver el problema concreto (cualquiera de los mencionados). Pero la gente suele decir: "Prefiero tomar la pastilla antes que dejar el café, el helado o el vasito de vino".

¿Qué es lo que nos impide hacer aquello que sabemos que es bueno para nosotros? ¿Por qué no podemos dejar lo que sabemos que nos hace daño? Dejar el café, la leche, el helado, el alcohol o el pancito implica renunciar a algo, desapegarse, cambiar.

Existe algo así como un dicho popular acerca de que los placeres hay que dárselos en vida…, que la vida es para disfrutarla…, que uno no puede vivir como un faquir…, que la abuelita vivió hasta los noventa y pico de años pero fumó, bebió…, que abstenerse de ciertas cosas es ser aburrido y que uno se siente esclavo por ello…

Habría que preguntarse qué es ser libre, si libertad es hacer lo que se quiere o libertad puede querer decir también vivir eligiendo racionalmente aquello que a uno le hace bien.

Detrás de no poder dejar aquello que a uno le hace daño o ni siquiera querer verlo, está la necesidad de gratificación. Cuando la necesidad de gratificación es tan grande que no puedo pensar racionalmente en lo que me hace bien o no, ¿no será que siento que la vida no me da lo que quiero?, ¿no será que existe la omnipotencia de creer que a mí no me va a hacer daño lo que coma?, ¿no será que no hay conocimiento acerca de los perjuicios que provocan a la salud el exceso en el consumo de determinado tipo de alimento?

Cuando se está mal físicamente y no se puede dejar el azúcar, el chocolate, el café y la medialuna, ¿no será que no puedo apreciar la vida en todas sus otras dimensiones y lo que ocurre es que siento que ésta es gris, triste, opaca y necesito darle brillo comiendo o bebiendo, más allá del daño que esto me haga?

Somos esclavos de los placeres. No se trata de negarlos ni de buscarlos, pero detrás de ello puede haber una sensación de desvalor por la vida misma. No la apreciamos en toda su magnitud; nos cuesta estar bien sólo con escuchar el canto de los pájaros, saber que nacen niños, que hay bebés, que hay flores, aguas, truenos, nubes, tener buenos vínculos afectivos, estar contento con la tarea que se desarrolla.

Perdemos el valor de lo simple y sencillo, no nos conformamos. Estamos insatisfechos y preferimos tomar el cafecito antes que tener que renunciar a él, por más que tengamos un intestino que no funciona bien o que el café excite nuestro sistema nervioso y nos genere más ansiedad aún de la que ya tenemos y, entre otras cosas, no podamos dormir bien.

No podemos apreciar el valor o la sensación que otorga el cuidarse. Cuando una persona se cuida, eso hace surgir una energía amorosa en ella misma y en su entorno. Esa dicha es mayor que la que se siente ingiriendo aquello que se sabe que no es bueno para sí mismo.

"Me cuido. Almuerzo galletitas con queso light,
un yogur diet *y fruta"*

¿Cómo se vende algo que hace daño a la gente? Las publicidades tienen una gran influencia sobre las personas. Al encender el televisor, uno es bombardeado por imágenes y consejos sobre comer tal o cual yogur que baja el colesterol, que permite movilizar el intestino o que le da nutrientes a nuestros hijos, o tal galletita que ahora viene adicionada con ácido fólico y no contiene grasas trans, o tal queso que baja los triglicéridos...

Pero no se cuestiona, no se investiga, no se duda de lo que dicen, ya sean las publicidades televisivas o el médico.

En la industria alimenticia prevalece el *marketing*, es decir, cuánto se vende, cuánto se gana, en lugar de dar valor a la salud de las personas. La competencia del mercado es cada vez mayor; una de las formas de competir es bajar los costos, y esto ocurre utilizando en los procesos de producción más químicos.

A la vez, la industria química es manejada por compañías multinacionales que logran vender a precios bajos y manejan la industria alimenticia. Los químicos son más económicos que los productos naturales y orgánicos, entonces producen una buena competitividad en el mercado.

Los productos *diet* o *light* contienen químicos poderosos, como el aspartame, cuyo consumo está asociado con noventa y dos enfermedades (ver artículo sobre este tema en los *Boletines de salud* del *Spa* Las Dalias: www.spa-lasdalias.com.ar).

Los productos desgrasados eliminan junto con las grasas los nutrientes de los alimentos, entre ellos el calcio. Las galletitas se elaboran con aceites hidrogenados, que son aquellos que producen las grasas trans que afectan la salud humana, generando rigidez en las membranas celulares, impidiendo la eliminación de toxinas y la incorporación de nutrientes y afectando el sistema cardiovascular, haciendo difícil que se elimine el sobrepeso y generando un sinfín de dolencias.

El comer productos *diet* o *light* no es beneficioso para la salud; por el contrario, es perjudicial, porque incorpora al organismo una gran cantidad de químicos que lo desvitalizan e intoxican. Comiendo de esta manera, baja la energía y el sistema inmune se debilita.

También existen publicidades acerca de los beneficios de algún queso o yogur adicionados con activadores de la flora intestinal. Las personas dicen: "Estoy comiendo eso que en la televisión recomiendan, por lo tanto, tiene que ser bueno. ¿Cómo podrían recomendar algo que haga daño y que, además, el médico me aconsejó consumir?"

Los productos lácteos que se comercializan, en general, provienen de vacas a las que se les acelera su proceso de crecimiento con alimentos especiales para engorde, que contienen hormonas, que las vacas ingieren mediante el alimento que consumen o por vía intravenosa.

Al mismo tiempo, cuando las vacas se enferman, las curan con antibióticos –hecho bastante común–, que luego pasan a la leche y sus derivados, y el consumidor de estos productos los ingiere indirectamente.

Todo lácteo industrializado contiene, también, resaltadores de sabor, conservantes, además de estrógenos y antibióticos, edulcorantes o aspartame.

Esta química que se consume es responsable, en gran medida, de alergias, asma, problemas bronquiales, disfunciones hepáticas e intestinales, como el colon irritable, trastornos hormonales, como quistes, problemas en la próstata, fibromas, menarcas y menopausias precoces, cáncer de útero, mamas u ovarios, etcétera.

Ser una persona confiada de todo es tan peligroso como ser desconfiado de todo. Hay que aprender a mirar, observar, investigar acerca de aquello que las publicidades ofrecen, conocer la realidad del mundo, de los seres humanos, saber darse cuenta dónde está la necesidad de rédito que las empresas tienen y cuál es su objetivo, ¿el bienestar de la gente o ganar dinero?

"Me alimento con semillas de lino, almendras, nueces; uso aceites de girasol, lino, oliva, canola; consumo quínoa, amaranto, frutas secas, levadura de cerveza, frutas y verduras. En esto consiste mi comida de todos los días"

Uno puede comer muchos productos naturales, pero si no hay un criterio, esto puede ser tan dañino como cualquier alimento que contiene químicos.

En aras de vender, se genera la necesidad de hacer creer a la gente que si no consume tal semilla o tal fruta, o si no se aprecian las bondades del kiwi, la canola, chía o quínoa, no se tiene salud.

Si bien es cierto que los alimentos naturales, como los cereales, las legumbres y semillas y los aceites producidos a través de aceitunas, semillas de girasol, de lino, etcétera, tienen muchas bondades con relación a la salud, es real que existe un consumo indiscriminado de éstos. Todos aportan beneficios, pero hay que saber usarlos, no todos son para todos ni pueden ser consumidos cotidianamente.

Si bien las semillas de lino aportan aceites esenciales para la salud y contienen fitoestrógenos, que ayudan en casos de problemas circulatorios, intestinales y en temas relacionados con desequilibrios hormonales, también es real que son de difícil digestión, incluso su aceite. Es aconsejable moderar su uso para no sobrecargar la función hepática.

Lo mismo ocurre con el consumo diario de almendras y nueces. Las almendras, por ejemplo, tienen un alto contenido de calcio, pero depende de en qué época del año han de ser consumidas y en qué contexto. Por tener tantos nutrientes, son difíciles de aceptar para el buen funcionamiento del hígado. Por eso, es necesario consumirlas más en invierno y con ensaladas o con alguna fruta, como manzana o pera. En verano, su uso debe ser moderado y ocasional.

Suele ocurrir que si se ingieren sin demasiado criterio todos esos alimentos las personas se sienten ansiosas, cansadas, sin energía, con dolores de cabeza, contracturas; esto se debe a que el hígado se carga y el intestino se irrita.

Se necesita tener una guía, una orientación criteriosa y saber consumir adecuadamente cada alimento natural, para que no falten nutrientes ni haya excesos de éstos, ya que habitualmente el exceso perjudica tanto o más que la falta.

No son necesarios tantos elementos nutricionales para estar bien. Se trata de incorporar cereales integrales diariamente y observar cuáles son mejores en función de las características personales.

Básicamente, incluir arroz integral; trigo integral en forma de pastas; mijo; en ocasiones, cebada perlada; un poco de avena, especialmente en invierno y quínoa cocinado con verduras, alguna que otra vez durante la semana. Además, lentejas, porotos aduki o garbanzos, también algunas veces en la semana; queso de soja, que es la manera más digerible de consumir la soja; huevo orgánico, dos o tres veces a la semana; tal vez, si la persona no es vegetariana, pescado una o dos veces a la semana; ocasionalmente, zeitán, que es la carne vegetal; verduras cocidas y crudas, dependiendo del intestino de la persona; algunas semillas de vez en cuando, y no diariamente, como nueces, almendras, semillas de girasol y de zapallo; un buen aceite de oliva de primera presión en frío y, alguna que otra vez, sustituirlo con aceite de girasol o lino o germen de trigo, en ensaladas o para condimentar verduras, pero no diariamente. Luego, algún queso orgánico, con bajo contenido de grasa y fruta de estación una o dos por día, dependiendo de la época del año.

"La comida sana me deja insatisfecho, no me sacia"

La comida tiene que generar satisfacción, por más saludable que sea. Los alimentos que contienen grasa, proteína y carbohidratos generan satisfacción; por eso, la gente es tan proclive a comer carnes, lácteos, quesos, masa, tartas y pastas.

Cuando la comida contiene proteínas, minerales, grasas, carbohidratos, vitaminas y agua, la persona se siente satisfecha, porque ha incorporado todos los nutrientes necesarios para que su organismo físico-psíquico esté en armonía.

Si en el almuerzo, que es la comida principal, se incorporan carbohidratos en forma de cereales integrales (arroz, quínoa, cebada, trigo o pastas, mijo, avena, etc.), proteínas, sean de animales (queso, huevo, pescado) o vegetales (queso de soja, zeitán, porotos negros, lentejas, garbanzos o aduki) y también verduras, la persona está equilibrada y se sentirá satisfecha. Luego, durante la tarde, no tendrá la necesidad de comer dulces o panes, queso, café o hierba mate.

Las proporciones de cereales, proteínas y verduras estarán dadas en función de las características individuales. Así, hay personas que necesitan más fuego en su organismo, más calor, por lo que tendrán que consumir más cereales y proteínas que verduras y frutas. Hay otras personas que necesitan más agua, porque tienen demasiado fuego incorporado, entonces, tendrán que consumir más verduras y frutas que cereales y proteínas.

Todo esto también depende del clima, de la época del año y de la actividad que se desarrolle. Por ejemplo, los lugares cálidos admiten consumir más verduras y frutas, pero los lugares fríos implican consumir más cereales y proteínas. El verano conlleva el comer más verduras y frutas, y el invierno, más cereales y proteínas. Si hay mucho desgaste mental o físico en la actividad diaria, hace falta ingerir alimentos consistentes, más elaborados, con más cocción. Si la persona es de acumular mucha tensión y presión, necesita alimentos que le ayuden a drenar (verduras, fruta y algas).

Cuando la comida está equilibrada, hay satisfacción, energía y equilibrio emocional.

"Si como únicamente comida natural o llevo adelante una alimentación natural, me convierto en fundamentalista o dogmático"

¿Qué es ser fundamentalista o dogmático?

Una persona fundamentalista o dogmática es rígida, cerrada, no es capaz de dialogar, impone su criterio, no es racional ni reflexiva, acepta un concepto sin cuestionarlo, no duda, vive de certezas, no existen matices en su vida, todo es blanco o negro, no acepta la diversidad ni las opiniones de los otros, no escucha, repite las palabras o las ideas de otros, juzga a los demás por lo que hacen, no acepta la libertad de los otros.

Ser fundamentalista ¿es elegir aquello que es bueno para uno, luego de un conocimiento profundo de las causas que hacen que determinado alimento sea negativo para la salud? ¿O es fundamentalista aquel que sabe que hay algo que le hace mal y, sin embargo, es incapaz de moverse de esa actitud, de desapegarse de la búsqueda de placer o de "me gusta" o "no me gusta", más allá del daño o no que le genere? ¿No es fundamentalista aquel que juzga a otro por lo que come? Ser fundamentalista ¿es ser responsable y saber que si hay algo que me hace daño lo dejo y algo que me hace bien lo tomo?

Si una persona se cuida y tiene capacidad de desapegarse de hábitos, sería lo contrario de fundamentalista, ya que está dispuesta a cambiar, a poder dejar, a no aferrarse a una estructura determinada. También esa misma persona puede ir descubriendo que hay alimentos nuevos que puede incorporar y alguna vez hasta intentará ver qué mal o bien le cae lo que come, probará, experimentará, estará abierta

Alimentación para el cuerpo y el alma

a ver qué sucede con diferentes cosas. Esa misma persona en alguna ocasión que no encuentre el alimento apropiado para sí, comerá aquello diferente sin problema ni culpa, será medida y no ansiosa.

En cambio, el que no deja aquello que le hace daño por temor a ser fundamentalista en verdad lo es, ya que está rígido, sin poder moverse de su propia estructura.

"El médico me dijo que tengo que comer lácteos para evitar la osteoporosis y tengo que tomar pastillas de por vida para la hipertensión y el hipotiroidismo. ¿Cómo los médicos podrían aconsejar algo que sea malo para la gente?"

¿Por qué uno habría que creer sin ninguna duda lo que otro dice? Tampoco se trata de vivir desconfiando. El hecho de pagar a alguien, no significa que podemos dejar en sus manos nuestra salud, ya sean éstos médicos o psicólogos. Cada persona tiene que hacerse cargo de lo que le ocurre, investigar y conocer el origen de su problemática. Sucede que, por comodidad, se prefiere pagar y que el otro decida por uno.

Muchos médicos aconsejan o dan pautas que, en lugar de aliviar, agravan el problema, y las personas dicen "el médico me dijo" como si esto fuera "palabra santa". No hay capacidad de cuestionamiento, se acepta esa visión, sin la mínima duda y se toma de por vida la pastilla, se asiste a la cirugía, se recibe diálisis o anticoagulación, cuando, tal vez, existan otras alternativas que la persona ni siquiera se planteó. Quizá, la operación sea lo adecuado, la anticoagulación o la biopsia, pero es necesario investigar.

También es importante saber que existen otras formas de resolución de los problemas, a través, por ejemplo, de cambios en los hábitos de vida: en la alimentación, la actividad física, tratamientos con masajes, acupuntura, agua, barro, plantas medicinales, etcétera.

Algunos profesionales de la medicina aconsejan a las personas el consumo de lácteos para evitar la osteoporosis. Sin embargo, hay una visión diferente al respecto, avalada por una medicina natural e investigaciones relacionadas con ello (ver el boletín sobre la *Osteoporosis* en: www.spa-lasdalias.com.ar).

Los países con más casos de osteoporosis son aquellos donde más lácteos se consumen, y aquellos donde menos casos de osteoporosis se registran son los que menos lácteos consumen.

La sangre de una persona tiene que ser alcalina para que sea de buena calidad, aunque la sangre de muchas personas se acidifica. Varios de los problemas de salud que hoy existen tienen que ver con la acidificación de la sangre, llámense infecciones, problemas estructurales y óseos, contracturas, gastritis, flatulencias, colon irritable, depresión, trastornos de ansiedad, etcétera.

La sangre se acidifica por varias causas. Una de ellas es el consumo de grasas saturadas. La leche y sus derivados –queso, yogur, manteca y crema de leche– acidifican la sangre. También cuando se consumen grasas saturadas

–carne roja, pollo, embutidos o lácteos–, se produce acidificación, pero en una intención de homeostasis, la sangre quiere volver a su estado de alcalinidad que le es propio. Surge, de esta forma, la inteligencia natural del organismo que intenta regresar a su estado de equilibrio.

Este proceso quita calcio de los huesos, flúor de los dientes, yodo de la tiroides, hierro de la sangre, magnesio y zinc del cerebro, entre otras cosas. De manera que más que preocuparse por cómo incorporar calcio, habría que estar atento a evitar que se pierda. Cuanto más lácteos se consumen, más calcio se pierde (ver, en este mismo capítulo, el apartado "Los lácteos").

Si se consumen grasas diariamente, incluso lácteos descremados o desgrasados, en el proceso de quitar la grasa, se pierde el calcio. Luego, los médicos aconsejan ingerir calcio en cápsulas que hasta pueden llegar a generar cálculos renales o de vesícula por el exceso y la inflamación del hígado.

El consumo de azúcar, café, té negro, hierba mate, carnes y frutas en exceso también quita minerales del cuerpo, porque acidifica la sangre.

El calcio, por ejemplo, se encuentra en las algas marinas, en las semillas de sésamo, en el repollo, el brócoli y la coliflor, en los cereales integrales que contienen silicio que, por un proceso de transmutación biológica, se transforma en calcio.

También las frutas, especialmente las manzanas y peras, son ricas en boro, así como las legumbres y frutas secas. El boro parece que aumenta la cantidad de calcio absorbida mediante los alimentos y disminuye su eliminación; este efecto ayuda a que los huesos se mantengan fuertes.

Otra de las cosas que aconsejan los médicos, ante un episodio de hipertensión, es tomar un antihipertensivo de por vida, o por una baja en los índices de la tiroides, tomar tiroxina.

Ingerir de por vida una pastilla, además de la dependencia que se produce en el aspecto emocional, debido a que la persona siente que si no cuenta con su pastilla sucumbe o muere, lo cual hace que uno viva con sensación permanente de inseguridad, afecta a otras funciones corporales. Todo esto implica un deterioro en la calidad de vida.

El consumo diario de medicamentos, es decir, químicos, afecta la función del hígado, los riñones, intestinos, órganos excretores que eliminan las toxinas del cuerpo, y del sistema circulatorio. Los químicos son toxinas difíciles de eliminar, y requieren un esfuerzo para toda la condición y producen una baja en el sistema inmunológico.

Muchos médicos no se plantean esta situación y ven en la medicación solamente una posibilidad de salvación y no ven los nuevos y diferentes problemas que pueden aparecer.

Un desequilibrio de la presión sanguínea puede ocurrir por muchas causas (ver "Hipertensión", en *Aprender a cuidar el cuerpo-mente*, edit. Kier, de nuestra autoría), situaciones emocionales, malos hábitos alimenticios y de vida en general. El desequilibrio puede ser resuelto naturalmente, a partir no sólo de comer sin sal, sino también de comprender los motivos psicológicos subyacentes y de llevar adelante un programa de alimentación natural, actividad física diaria, tratamientos con agua y ejercicios para eliminar las sobrecargas (ver *Formas saludables de vida*, edit. Lúmen). Hoy la mayoría de las mujeres tienen problemas de tiroides, es común en las épocas que se viven. Y si se midiera el funcionamiento de otras glándulas, encontraríamos lo mismo: una deficiencia en su funcionamiento. Esto mucho tiene que ver con el ritmo de vida actual, en el que la mujer ha perdido su feminidad, vive con exceso de pensamiento, alejada de su sensualidad y sexualidad.

Cuando la persona se adentra en sí misma y toma conciencia de su necesidad de armonizarse, a partir de reencontrarse con su "ser mujer", cuando incorpora a su alimentación algas marinas y deja de consumir aquello que le quita o desequilibra el yodo, cuando mueve su energía estancada, ocurren cambios considerables, sin necesidad de tener que tomar de por vida la medicación para regularse.

Sin embargo, las personas piensan "¿por qué los médicos no dicen todo esto y aconsejan algo que no es bueno para uno?". En primer lugar, cabe aclarar que no se trata de todos los médicos, sino de algunos. Existen médicos que no ven la medicina como un negocio mercantil y no atienden un paciente detrás de otro, sino que se conectan con esa cualidad humana propia de la medicina. Estos médicos atienden muy pocas personas cada día, porque a cada uno le dedican más de una hora de atención, ponen toda su energía en enseñarle al paciente cómo curarse, cómo ser perceptivo y estar atento a sí mismo.

Le enseñan que su cuerpo no está separado de su mente, que uno es una unidad, que uno es cuerpo y que se necesita aprender a registrar cada parte de sí mismo; enseñan a sensibilizarse y fortalecerse.

Ese tipo de médicos tratará de no violentar a la persona, de no darle nada que le genere contraindicaciones; intentará comprender la naturaleza emocional del paciente, su capacidad de vincularse afectivamente con los otros; procurará ayudar a la persona a que pueda concretar sus anhelos de vida y le mostrará que en la naturaleza se encuentran los resortes necesarios para su autocuración. Se tomará todo el tiempo necesario para explicarle y para que el paciente entienda.

Este tipo de médico tratará de investigar qué formas de curar existen que no generen sufrimiento ni dependencia. Obviamente, no se trata de una persona cómoda que acepta sin cuestionamiento lo que le enseñaron académica o institucionalmente, sino que indagará, buscará, desde su humanidad, cómo ayudar a generar personas libres, felices y que puedan vivir plenamente, sin necesidad de depender de fármacos, sin la necesidad de extirparle algún órgano.

Asimismo, seguramente, este profesional no querrá eliminar porque sí lo que no sirve, sino que recompondrá lo dañado de una forma suave, comprensiva y respetuosa de las leyes naturales. No considerará la enfermedad como un extraño que vino a generar un daño o que hay que desterrar como si fuera un ejército enemigo, sino, al contrario, considerará la enfermedad como un aliado, como una oportunidad de crecimiento que le ha de permitir a la persona ordenar su vida, cambiar, crecer como ser humano. En la antigua China, el médico cobraba cuando su paciente estaba sano, esto significaba que había hecho bien su rol de maestro, de enseñar a "autocurarse" y a prevenir las dolencias acrecentando el sistema inmune. Un buen médico enseña a la persona que vaya aprendiendo cómo actuar frente a una indigestión o gripe, le dice a su paciente que recurra a él sólo cuando lo necesite, que pueda ser cada vez más independiente.

"No quiero ser esclavo de la cocina"

En general, se asocia el comer sano con pasar el día en la cocina, cocinando. Es un hecho que hoy casi nadie cocina, las personas están tan ocupadas por su tarea laboral que la mayor parte del tiempo comen fuera de su casa o bien acceden al reparto de pizzas, empanadas, tartas o pollo. Otra de las cosas que la gente hace es comer un yogur con fruta al mediodía y pan con queso por la noche. De hecho, esta forma de comer, en gran parte, es responsable de los males físicos y psicológicos que hoy se padecen.

Cuando se habla de llevar adelante una alimentación responsable, se trata de ser también uno mismo el hacedor de su propia comida o de que alguien de confianza dedique un poco de tiempo al acto de cocinar. Esto redundará en salud, bienestar y alegría de vivir.

Cocinar sano no significa pasar todo tiempo del que se dispone en la cocina (ver "Cómo cocinar sano con poco tiempo en la cocina", en la obra ya mencionada *Aprender a cuidar el cuerpo-mente*). Si uno se organiza, se puede comer muy bien, sin ocupar demasiado tiempo en la cocina.

En la actualidad, existen lugares donde se pueden adquirir buenos panes, un buen quesillo de cabra o queso orgánico. Luego, siempre es práctico tener un buen pescado o huevos orgánicos. Una opción es cocinar verduras que queden guardadas en recipientes de vidrio o acero inoxidable, también cocinar cereales y guardarlos de la misma forma, incluso en el *freezer*. El tofu (queso de soja) y el zeitán orgánico se pueden cocinar en la plancha con aceite de oliva y salsa de soja.

En el mismo lapso de tiempo que uno cocina un trozo de carne o pollo con ensalada, se puede cocinar fideos integrales de buena marca, con verduras cocidas y un huevo revuelto con cebollita de verdeo o arroz integral con una chuleta de queso de soja y ensalada. El tiempo de dedicación es el mismo.

Lo que produce dificultad no es el tiempo, sino el verdadero interés, la predisposición y el cambiar de estructura. Los cambios se producen a través de la comprensión, si uno ve claramente la importancia que tiene comer bien y cómo eso incide en el propio bienestar, se encuentra el tiempo para que ello ocurra.

"No me doy cuenta de por qué me duele la cabeza, no me doy cuenta de por qué no tengo energía, fuerza, no me doy cuenta de por qué me duele el estómago…"

Darse cuenta es ser consciente, es saber, conocer por qué a uno le pasa lo que le pasa. Obviamente, hay cosas que ocurren en la vida y son imponderables, pero hay otras que tienen su razón de ser, son el producto de algo que lo ha generado, y no se trata de poner el descubrimiento de eso en la opinión de alguien de afuera que, tal vez, conozca poco de uno. Si una persona es observadora de sí misma, puede darse cuenta de por qué le pasa lo que le pasa. Para ello se requiere atención y sensibilidad; esto se desarrolla, se aprende.

Tiene que haber registro, atención de cada cosa que sucede: qué como, si bebí alcohol, si comí dulces, mucho pan, tortas, demasiados carbohidratos o mucha grasa, si tomé demasiado mate, si comí poco o no tomé la suficiente cantidad de líquido. También es necesario observar el clima, si hay nubes o sol, humedad o sequedad.

Además, son factores importantes el haber trabajado mucho o haber discutido con alguien, el haber tenido una noche de insomnio, el haber sido paciente o no con alguien con quien me vinculo, el haber podido pasar de la bronca a la comprensión, el dejarse llevar por la opinión de los otros, el tener miedo, angustia, ansiedad.

Si todos los fines de semana, cuando se come fuera del hogar, la persona siente que le baja mucho la presión y tiende a desmayarse, y suele ingerir alcohol, grasas o azúcar, significa que el consumo de estos alimentos afectan la función hepática, por lo que la sangre no circula adecuadamente y la presión sanguínea baja.

Si en la cena se ingirieren alimentos con mucha grasa y por la noche uno se despierta con dolor de estómago, la razón está en el exceso de grasas que ni el hígado, ni la vesícula, ni el estómago y ni el páncreas pueden asimilar. Si uno está disperso, no hay capacidad de concentración, le falta energía, potencia, se está hipersensible y se tiende a llorar a menudo, seguramente, le falta fuego a la alimentación, quizá, se está consumiendo mucha fruta, dulces y azúcares en diferentes formas y harinas.

Si el dolor de cabeza es frecuente, tal vez, detrás de ello exista una alergia alimenticia, por ejemplo, a los lácteos (leche, queso, yogur, manteca), las harinas, el alcohol, azúcar o algún producto químico. Al desechar estos alimentos, podrá ver cuál es el origen del dolor de cabeza y es probable que si alguno de ellos se elimina de la dieta diaria, el dolor desaparezca.

Por supuesto que existen otros imponderables además de la comida, como ya se mencionaron, pero en la elección del alimento se encuentran, muchas veces, las causas de males cotidianos.

"Soy un gourmet, disfruto con el sabor de todos los alimentos; la comida natural es insípida"

Un *gourmet* es aquella persona que disfruta y siente placer con la comida, que sabe apreciar los diferentes sabores, combinaciones y la presentación de los platos. Cuando se habla de "cocina *gourmet*", se hace referencia a una comida creativa, elaborada, diferente a la tradicional.

Estas mismas cualidades pueden apreciarse en una comida saludable, lo cual no significa que sea insípida. Justamente, se trata de hacer una fusión entre lo terapéutico y lo sensitivo. Ése es el valor de una cocina vegetariana, natural, que permita sentirse bien, que no sea pesada ni densa, que genere bienestar, que dé energía, que pueda ser bien digerida, que no embote la mente y que, a la vez, dé satisfacción y desarrolle los sentidos y la sensibilidad, que permita a la persona apreciar lo sutil de cada sabor, de cada combinación, que tenga colorido y que pueda actuar terapéuticamente.

En una comida natural se puede encontrar calidad, sensitividad, satisfacción, colorido, buena mezcla de sabores y combinaciones de verduras, cereales, legumbres, semillas, algas. Y todo esto puede generar bienestar físico y psicológico.

"Como arroz integral, pescado, frutas, verduras y no bajo de peso"

Hay personas a las que se les pregunta el origen de su sobrepeso que responden que no lo saben, que comen poco y que además consumen alimentos naturales, como arroz integral, pan integral, frutas y verduras.

Pero si existe un orden en la alimentación y la persona sabe equilibrar sus alimentos, se produce una armonía natural y el sobrepeso no tiene cabida allí. Una alimentación basada en cereales integrales, legumbres, muy poca proteína animal en forma de pescado, huevos orgánicos, algo de lácteos orgánicos, verduras variadas, fruta en poca cantidad, aceite en poca cantidad y de primera presión en frío y té de hierbas silvestres, aunque sin consumo de azúcares, harinas, alcohol, bebidas cola y químicos, genera una gran armonía en el organismo y lo que está de más desaparece, en este caso, la grasa corporal.

Es imposible que una persona que se alimenta naturalmente de la manera mencionada no elimine su sobrepeso. No hace falta hacer una dieta baja en calorías y racionar la comida, el orden es el que permitirá el equilibrio.

Cuando se está químicamente equilibrado, no surge la necesidad de comer de más. De esta forma, no existen restricciones, se trata, simplemente, de aprender a comer, a estabilizar la química interna con los nutrientes necesarios. Por ejemplo, si la persona utiliza aceites hidrogenados, prepara las verduras y, además, condimenta las ensaladas, el arroz, los fideos y compra panes, masas de tartas o galletas preparadas con este tipo de aceites, no bajará de peso.

Los aceites hidrogenados, tales como las margarinas y los aceites comunes que se usan en cocina que no son de primera presión en frío, contienen grasas *trans*. Éstas "rigidizan" las células del cuerpo, impidiendo que salgan las toxinas y que entren los nutrientes. Si se consume diariamente algo de este tipo de grasas, no se puede eliminar el sobrepeso con facilidad; aunque se coman pequeñas cantidades, los mecanismos de descarga se ven bloqueados, no hay capacidad de eliminación.

Otra cuestión es la ingesta diaria de alguna medicación o el consumo de alimentos tratados químicamente: el organismo acumula toxinas que sobrecargan las funciones digestivas, encargadas de metabolizar los alimentos y, por ende, la capacidad desintoxicante del organismo se ve disminuida. Si, sumado a esto, la persona consume, en exceso, frutas azucaradas –banana, durazno, melón, uva, ciruela, ananá– está incorporando una cantidad de azúcar al organismo que, además de quitarle minerales, también genera calorías extras. O si consume pan, aunque sea integral, entre cuatro y cinco rebanadas diarias, tampoco disminuirá el sobrepeso, ya que las harinas de cualquier tipo generan calorías extras. Obviamente, el alcohol y las bebidas cola actúan de la misma forma; lo mismo que las grasas saturadas de la carne roja, el pollo, la leche y sus derivados (queso, yogur, manteca y crema de leche).

También el consumo de productos tratados con edulcorantes naturales –como el aspartame, que forma parte de los alimentos llamados *diet* o *light*–, que no contienen azúcar, cargan tanto la función hepática, que luego la persona se siente necesitada de consumir harinas y algo dulce, porque el hígado, cuando está cargado, pide este tipo de alimentos. Cuanto más "*diet* o *light*" se consume, más necesidad de carbohidratos se tiene, y es difícil bajar de peso de esta manera.

Si se consumen los alimentos que comúnmente la gente dice que ayudan a bajar de peso y, a pesar de eso, no se baja, habría que investigar si realmente se está haciendo bien lo que se hace. Se trata de ser muy sincero con uno mismo e informarse bien.

Lamentablemente, las publicidades y algunos médicos movidos por el interés de la fama y el dinero promueven dietas "milagrosas", basadas en cifras (tantas calorías, tal o cual combinación, etc.), que están lejos de ayudar a la persona a desarrollar su sentido común, su sensibilidad para percibir en su cuerpo los efectos de alimentos naturales, biológicos, de una cocina sensitiva, sana. Por el contrario, promueven el uso de alimentos químicos, generan una dependencia de la persona con el terapeuta –casi de por vida– para que éste la aconseje siempre, en lugar de enseñarle a comer, de ayudarla a equilibrar sus emociones, a comprender su vínculo con la comida, la insatisfacción, la dependencia y el apego a ciertos alimentos.

Entonces, sin la necesidad de restringir las cantidades, es decir, aprendiendo a comer no como un faquir, sino moderadamente, y lograr esto a partir de generar satisfacción con alimentos que dan potencia, que ayudan a que se desintoxique el organismo, llevando adelante un equilibrio natural, es imposible no alcanzar el peso apropiado para cada uno, tanto para el que necesita bajar como para el que necesita subir.

"Intento no comer sano, porque si lo hago, me aíslo de la gente y no puedo tener vida social"

Para todos, el compartir la vida con amigos y familia es necesario y vital. Necesitamos de la vida social y del contacto con los otros. De hecho, en el vínculo con las otras personas es donde podemos desarrollarnos, crecer y darnos cuenta de nuestras limitaciones y posibilidades de cambio.

Pero ¿por qué el hecho de que uno se alimente saludablemente puede llegar a ser un impedimento para que esto suceda? En el día a día, en la comida cotidiana, en lo que uno se prepara en su propia casa, es necesario que exista un orden, una forma racional de comer; es imprescindible que uno tenga los productos para elaborar una comida sana y gustosa, cuya elaboración esté prevista. Justamente, puede ser enriquecedor para los otros que les ofrezcamos este tipo de comida.

¿Y qué ocurre cuando uno va a comer a un restaurante? En este caso, se debería pedir aquello que resulte menos nocivo para el organismo; tal vez, pescado con verduras, agua mineral, y luego, alguna fruta o ensalada de frutas. O quizá, pastas, fideos, ñoquis de papa o ravioles de verdura, con alguna salsa liviana o sólo con aceite de oliva, y variedad de verduras. También puede uno beber un jugo de fruta natural y tomar un té de hierbas.

Hoy todo esto está disponible en cualquier restaurante; incluso cada vez existen más lugares donde es posible consumir alimentos naturales, arroz integral, lentejas, fideos de arroz o de trigo sarraceno. El comer fuera de casa ya no es un impedimento para comer bien. A lo mejor, no es exactamente como en casa, pero es posible combinar el comer liviano y luego no sentirse mal y el compartir con otros un encuentro.

¿Qué ocurre si a uno lo invitan a comer en otra casa, en donde no se elige qué comer? Es común que si la persona que invita es un amigo, sabrá la forma de comer que uno tiene y hará algo parecido a lo que cree que uno come habitualmente. Puede ser que no lo sepa, entonces, uno comerá aquello que menos daño le haga y en poca cantidad, para no despreciar al otro. Así, si el menú es carne con ensalada, pero la persona no come carne, comerá la ensalada; si hay alcohol, tomará agua y si come algo que no está habituada a comer, al día siguiente, deberá cuidarse mucho, de manera de contrarrestar lo ingerido.

Uno se puede adaptar, mostrar un bajo perfil y no estar diciendo "esto no como, aquello tampoco". Al no hacer alarde de la forma que uno tiene de comer, se pasa desapercibido y, naturalmente, uno comerá lo que no le haga daño o lo que menos daño le haga, y luego, en los días siguientes, se cuidará para sentirse bien.

El problema principal generalmente no está en uno, sino en los otros. Muchas veces, a los otros les molesta que uno se cuide con la comida. Se sienten juzgados por uno, más allá de que uno no los juzgue. Cada persona es libre de hacer y comer como quiere. El que uno se cuide no significa que se esté criticando al resto de la gente que no haga lo mismo, siempre y cuando uno no se ponga en el rol de "educador", porque eso es realmente molesto.

"No quiero comer tan sano porque si llego a tener un accidente, me llevan a un hospital y me dan medicamentos, me hará daño"

Cuando una persona lleva una vida saludable, entiéndase por ello una alimentación adecuada, racional y responsable, una actividad física diaria –que permita generar una buena circulación de la sangre y de la energía–, el contacto con la naturaleza, los espacios de tiempo para el recogimiento y la introspección, cuestionándose, invitando a los conflictos a que se expresen y no queden negados, entonces, esta persona dispone de energía genuina, sensibilidad y fortaleza.

Esta fortaleza significa tener capacidad de dar respuestas a ciertas enfermedades y problemas concretos de salud, además de que permite dar respuestas adecuadas a las circunstancias de la vida, desde el punto de vista psicológico, lo cual implica sobrellevar la adversidad y no enmarañarse con situaciones en las que no tiene sentido involucrarse. Es decir que si una persona desarrolla su sensibilidad y fortaleza y surge una enfermedad, la respuesta del organismo será inmediata y dispondrá de energía frente a infecciones y diversos problemas, porque su sistema inmune no estará bajo.

En el caso de un accidente, si es que no se cuenta con la capacidad para decir lo que quiere que le hagan, si bien se tiene una sensibilidad grande frente al daño que un medicamento pueda ocasionarle, no haber consumido medicamentos o haber consumido muy pocos, le permitirá tener una alta inmunología. Esto implica fortaleza, resistencia para poder combatir el supuesto daño que dicho medicamento pueda generarle.

No haber consumido nunca o casi nunca medicamentos, por un tiempo prolongado, no significa que el organismo no tenga capacidad de trasmutarlos en una situación de accidente. También existen formas de contrarrestar cualquier tipo de medicamentos, buscando alcalinizar la sangre con algún alimento apropiado. Para esto, por ejemplo, son muy buenas las ciruelas "umeboshi", que se venden en casas de alimentos chinos o japoneses, que tienen una capacidad de alcalinización muy alta. Una preparación hecha con arroz integral (dos tazas de éste con diez tazas de agua, hervir durante dos horas) también tiene una capacidad regenerativa celular muy alta; y es muy indicada en caso de convalecencia, ya sea por enfermedad, intervenciones quirúrgicas o accidentes.

Cuando la persona es sana, está purificada internamente, está fuerte, está sólida, tiene respuestas corporales semejantes a las de un niño. "Purificación" no es sinónimo de "debilidad"; al contrario, si así lo fuera, no es purificación, es demasiada fragilidad, se ha limpiado sin fortalecerse.

EL CONSUMO DE AZÚCAR Y SU CONSECUENCIA EN LA SALUD PSICOFÍSICA DE LAS PERSONAS

El consumo de azúcar blanco refinado, en forma directa o por medio de platos elaborados, en repostería, caramelos, helados, galletitas, tortas, facturas, mermeladas, chocolates, gaseosas y otros tipos de bebidas azucaradas afecta la salud psicofísica de los seres humanos. En el libro *Sugar Blues*, de William Dufty (edit. Gea), el autor explica cómo el consumo de azúcar está implicado en un síntoma al que denominó "*Sugar Blues*" (enfermedad del azúcar o síntoma de melancolía y depresión generada por su consumo).

Cómo el azúcar afecta al sistema nervioso

Las enfermedades del sistema nervioso afectan a muchas personas en la actualidad. El consumo de azúcar está íntimamente relacionado con ello. Cuando una persona padece depresión, ataque de pánico o algún tipo de desequilibrio emocional, puede comprobarse, en general, que en su dieta existe una gran cantidad de azúcar refinado.

Un cambio de alimentación, prescindiendo de alimentos que son nocivos para la salud, genera modificaciones en el comportamiento psicológico y, muchas veces, ayuda en la resolución del conflicto tanto psíquico como físico.

La abstinencia de azúcar blanco refinado además del agregado de alimentos que contienen carbohidratos de otra calidad modifica la química interna, ayudando a mejorar las condiciones anímica y emocional.

Suele ocurrir que los síntomas de ansiedad o perturbación emocional están íntimamente relacionados con un desequilibrio de la glucosa en sangre, debido, justamente, al consumo de sacarosa o azúcar refinado.

Cuando se habla comúnmente de necesidad de azúcar en el torrente sanguíneo, esto se refiere a la necesidad de glucosa sanguínea. La glucosa es un azúcar que se encuentra asociado, generalmente, con otros azúcares en frutas y verduras. Es un material clave en el metabolismo de todas las plantas y animales. Muchos de nuestros alimentos principales se convierten en glucosa dentro de nuestros cuerpos. La glucosa está siempre presente en nuestro flujo sanguíneo y, a menudo, se la llama azúcar sanguínea, de ella se alimentan las células del organismo.

El azúcar de las frutas se llama fructuosa, el de la malta se denomina maltosa, el azúcar de la leche se llama lactosa y el azúcar refinado de caña o de remolacha se llama sacarosa.

La glucosa ha sido siempre un elemento esencial en la sangre humana. Pero la dependencia de la sacarosa es algo nuevo en la historia del ser humano. Cuando se afirma que el azúcar es un componente esencial del cuerpo humano y se destaca la importancia que tiene por ser fuente de energía y por su metabolización para producir calor, se está hablando de la glucosa, que nuestro propio cuerpo fabrica.

Los médicos y nutricionistas, en su mayoría, no hablan acerca de la alteración emocional que se genera por el descenso de la glucosa en sangre. No obstante, hay investigaciones que demuestran cómo prescindir del azúcar blanco y de todas sus preparaciones ayuda en el sentido de que equilibra la condición psicológica de la persona. Según William Dufty:

En la Antigüedad, los médicos árabes y judíos consideraban el azúcar como un agitador cerebral. Hoy los especialistas en endocrinología explican cómo ocurre esto: el cerebro es el órgano más sensible del cuerpo. La diferencia entre sentirse animado o decaído, consciente o insano, calmo o irritado, inspirado o deprimido depende, en gran medida, de lo que llevamos a la boca. Para la máxima eficacia de todo el cuerpo, del cual el cerebro es meramente una parte, la cantidad de glucosa sanguínea debe estar en equilibrio con la cantidad de oxígeno sanguíneo.

Tal como los Dres. E. M. Abrahamson y A. W. Pezet indican, en *Body, Mind and Sugar*: "Cuando el nivel de azúcar en la sangre es relativamente bajo, tiende a desvitalizar las células del cuerpo, especialmente las células cerebrales". Esto se trata con una dieta.

¿Qué nos sucede cuando las células de nuestro cuerpo, especialmente de nuestro cerebro, están crónicamente desnutridas?

Las células más débiles y más vulnerables son las primeras afectadas. Cuando todo funciona bien, este equilibrio se mantiene con mucha precisión bajo la vigilancia de nuestras glándulas adrenales.

Cuando tomamos azúcar refinado (sacarosa), se convierte rápidamente en glucosa, por lo que escapa, en gran medida, al proceso químico en nuestro cuerpo. La sacarosa pasa directamente a los intestinos, donde se convierte en glucosa predigerida. Ésa, a su vez, es absorbida por la sangre, donde el nivel de glucosa ha sido ya establecido en un equilibrio preciso con el oxígeno. De esta forma, el nivel de glucosa de la sangre aumenta drásticamente. Se destruye el equilibrio y el cuerpo está en crisis.

El cerebro es el primero en registrarlo. Las hormonas fluyen de las cápsulas adrenales y acaparan todo recurso químico para enfrentarse al azúcar: la insulina de los islotes endocrinos del páncreas trabaja específicamente para retener el nivel de glucosa en la sangre en una función antagónico-complementaria a las hormonas de adrenalina que elevan el nivel de glucosa. Todo esto ocurre a un ritmo de emergencia con resultados predecibles. Demasiado rápidamente se va demasiado lejos. Desciende el nivel de glucosa de la sangre y aparece una segunda crisis como consecuencia de la primera. Los islotes pancreáticos tienen que cerrarse; lo mismo tienen que hacer algunas partes de las cápsulas de adrenalina. Deben producirse otras hormonas de adrenalina para regular el reverso de la dirección química y elevar nuevamente el nivel de glucosa de la sangre".

Todo esto se refleja en la forma como nos sentimos. Mientras la glucosa es absorbida por la sangre, nos sentimos animados. Sin embargo, a este impulso energético sucede una depresión, cuando la glucosa comienza a bajar, nos sentimos inquietos, cansados, necesitamos hacer un esfuerzo para movernos o incluso pensar, hasta que se eleva de nuevo el nivel de glucosa. Podemos estar irritables, un manojo de nervios, alterados. Si continuamos consumiendo azúcar, una nueva crisis empieza antes de terminarse la anterior.

Tras varios años con días así, el resultado final son glándulas adrenales enfermas. La producción de hormonas, en general, es baja, las cantidades no se amoldan. La alteración funcional, desequilibrada, se refleja en todo el circuito endocrino. Muy pronto el cerebro puede encontrarse en dificultades para distinguir lo real de lo irreal. Cuando el estrés se interpone en el proceso, nos desmoronamos porque no tenemos ya un sistema endocrino sano para enfrentar cualquier contingencia. Día a día, nos encontramos con una falta de eficacia, siempre cansados, nada logramos hacer. Realmente sufrimos de la enfermedad *Sugar Blues*.

Miembros de la profesión médica que han estudiado esta situación notan que "puesto que las células cerebrales dependen totalmente de la tasa de azúcar en la sangre en cada momento para alimentarse, son quizá las más susceptibles de sufrir daños".

Hoy los pioneros de la psiquiatría ortomolecular, los Dres. A. Holfer, Allan Cott y A. Cherkin, así como el Dr. Pauling, han confirmado que la demencia mental es un mito y que las perturbaciones emocionales pueden ser meramente el primer síntoma de una evidente incapacidad del sistema humano para sobrellevar el impacto de la dependencia al azúcar.

La investigación clínica de niños hiperactivos y psicóticos y de otros con lesiones cerebrales e inhabilidad para aprender indica: una familia cuyo historial de diabetes es anormalmente elevado (significando que tanto padres como abuelos no pueden soportar el azúcar), una desusada alta incidencia de baja glucosa sanguínea o hipoglucemia funcional en los mismos niños indican que sus sistemas no pueden procesar el azúcar; y una dependencia por un alto nivel de azúcar en las dietas de los propios niños que no pueden asimilar.

Los estudios del historial diario de los pacientes diagnosticados como esquizofrénicos revelan que la dieta por ellos elegida es rica en dulces, azúcar, pasteles, café, bebidas cafeinadas y comidas preparadas con azúcar. Estos alimentos que estimulan la adrenalina deben ser eliminados o severamente restringidos. ("Enfoque ortomolecular al tratamiento de la incapacidad del educando", sinopsis del artículo reproducido por el Instituto Hexley, para la investigación Biosocial, Nueva York).

En la década de 1940, el doctor John Tintera volvió a descubrir la importancia vital del sistema endocrino, especialmente las glándulas adrenales en la mentalidad patológica o enfermedad mental.

Tintera publicó varios informes médicos, cruciales en su época. Una y otra vez enfatizaba que la mejora, alivio o cura dependía del restablecimiento de la función normal del organismo total. Su primera prescripción era la dieta. Estableció una prohibición permanente y tenaz contra el azúcar, en todas sus formas y aspectos.

El azúcar y otras enfermedades

El azúcar refinado solamente proporciona al ser humano lo que los especialistas en nutrición describen como calorías vacías o desnudas. Al mismo tiempo, el azúcar drena y extrae las preciosas vitaminas y minerales del cuerpo, por las demandas que su digestión, desintoxicación y metabolismo producen sobre el organismo.

Muchas de las enfermedades de la época, como cáncer, diabetes, hipotiroidismo, sida, ciertas afecciones circulatorias, anemia, remoción de útero, osteoporosis, hipertensión, hipercolesterolemia, artritis reumatoidea, artrosis, reuma y las afecciones propias del sistema nervioso, por ejemplo, esclerosis múltiple, depresión, insomnio y el ataque de pánico, tienen que ver con el consumo de azúcar blanco o sacarosa.

El azúcar y la pérdida de minerales (calcio, fósforo, magnesio, zinc, yodo, hierro)

Si se consume azúcar a diario, se produce continuamente una condición excesivamente ácida en el organismo y se necesitan cada vez más minerales de lo profundo del cuerpo para tratar de rectificar el desequilibrio. Finalmente, con el objeto de proteger la sangre, el organismo extrae tanto calcio de los huesos y dientes que estos empiezan a cariarse, sobreviene así una debilidad general.

La ingesta de azúcar genera un estado de acidificación sanguínea. Debido a que la sangre en su estado normal es alcalina, al consumir este alimento, el organismo, en la búsqueda de su equilibrio natural, quiere volver a su estado de alcalinidad. Para ello, recurre a las reservas naturales del cuerpo, usando los minerales almacenados que son alcalinos, tales como el hierro de la sangre, magnesio y zinc de las células cerebrales, yodo de la tiroides y minerales del cuerpo en general.

La anemia tiene que ver con la falta de hierro; el hipotiroidismo, con la de yodo; la depresión, con la falta de magnesio y zinc. En general, esta pérdida de minerales va debilitando la condición general del ser humano, bajando su sistema inmunológico y haciéndolo propenso a las enfermedades mencionadas anteriormente que hoy afectan a la civilización.

En su libro *Sugar Blues*, William Dufty continúa diciendo:

A la larga, todo exceso de azúcar afecta a todos los órganos del cuerpo. Al principio, se almacena en el hígado en forma de glucosa (glicógeno). Puesto que la capacidad del hígado es limitada, un consumo diario de azúcar refinada hace que el hígado pronto se hinche como un globo. Cuando el hígado está abarrotado en su capacidad máxima, el exceso de glicógeno retorna a la sangre en forma de ácidos grasos.

Éstos son transportados a todas las partes del cuerpo y almacenados en áreas menos activas, el vientre, las nalgas, las mamas y los muslos. Cuando estas áreas relativamente inofensivas están repletas, los ácidos grasos se distribuyen, entonces, entre los órganos activos, como el corazón y los riñones. Estos órganos empiezan a disminuir su función. Finalmente, sus tejidos degeneran y se convierten en grasas.

El cuerpo entero queda afectado, con su capacidad reducida, creando una presión sanguínea anormal.

El azúcar refinado carece de minerales naturales (los cuales, sin embargo, se encuentran en la remolacha y la caña de azúcar).

Nuestro sistema nervioso parasimpático queda afectado y los órganos que éste gobierna, tales como el cerebelo, se vuelven inactivos o se paralizan (raramente se piensa que la función del cerebro es tan biológica como la digestión). Los sistemas circulatorio y linfático son invadidos y la calidad de los glóbulos rojos empieza a cambiar.

La clave para un funcionamiento ordenado del cerebro es el ácido glutámico, un compuesto vital que se encuentra en muchas verduras. Las vitaminas B tienen un papel muy importante en la división del ácido glutámico, en compuestos antagónico-complementarios que producen una orden de proceder o de controlar en el cerebro. Cuando se toma azúcar refinada cada día, disminuye la reserva de vitamina B, causando adormecimiento, haciéndonos perder nuestra capacidad de calcular y memorizar.

El azúcar y la baja de energía, la desconcentración y el sueño

Existen en la naturaleza alimentos que aportan energía y otros que la quitan. El azúcar blanco refinado la quita. Pero cuando se habla de azúcares que aportan energía, esto se refiere a carbohidratos complejos, por ejemplo, los cereales integrales (arroz integral, mijo, cebada perlada, avena, trigo, maíz, centeno, entre otros).

Estos carbohidratos complejos aportan azúcares de una calidad diferente a la de los carbohidratos simples (azúcar refinado o sacarosa, harinas blancas, arroz blanco, pastas de harinas blancas en general). Si se consumen carbohidratos simples, se genera una combustión rápida de azúcar en la sangre, es decir, de glucosa. Lo que ocurre es similar al fuego en un pajar, se enciende con fuerza y, con esa misma fuerza que se encendió, se apaga.

Por eso cuando se consume este tipo de alimentos se tiene energía por un momento, pero luego ésta desaparece y erróneamente se busca consumir "algo dulce", para volver a tener energía. El resultado es sensación de sueño, pesadez, dispersión mental, sensación de fatiga, falta de memoria, tristeza, abulia.

El organismo tiene que realizar un gran esfuerzo para pasar de un estado de "hiperacidez", producido por el consumo de azúcar blanco, a un estado de alcalinidad, que es su estado natural.

Para pasar de un estado de acidez sanguínea a otro de alcalinidad, la sangre tiene que sacar minerales, que son alcalinos, de la reserva corporal y restablecer, de esta manera, un equilibrio.

Así, todo este proceso implica mucho esfuerzo orgánico, tal como ya lo hemos mencionado, por lo que la energía disponible para estar despierto, atento, sensitivo y lúcido es insuficiente o ninguna.

Además, el azúcar es un alimento que enfría el organismo y lo expande de forma mucho mayor que cualquier otro alimento, por lo que el organismo también tiene que hacer mucho esfuerzo para contrarrestar lo que el azúcar genera y poder volver a un estado natural de temperatura. El esfuerzo alcanza a todos los órganos y funciones corporales, porque también ocurre que al ingerir azúcar se busca contrarrestar su efecto ingiriendo grasas y proteínas. Entonces, se produce un círculo vicioso de necesidad de azúcar y grasas; el consumo de una invita al consumo de la otra.

El azúcar y la hiperactividad en niños

El trastorno por déficit de atención con hiperactividad (TDAH) o sin ésta es una disfunción que se inicia en la infancia. Se caracteriza por la parición de dificultades para mantener la atención, hiperactividad o exceso de movimiento e impulsividad o dificultades en el control de los impulsos. El exceso en el consumo de bebidas colas, golosinas y repostería en general está íntimamente relacionado con ello, además del exceso en el uso de computadoras y televisores.

Azúcares de buena calidad

Cuando se consumen otros tipos de azúcares, como la de los carbohidratos de los cereales integrales, la fructuosa de las frutas y verduras de sabores dulces, se produce una combustión lenta de glucosa sanguínea, que permite equilibrar los niveles de ésta en la sangre. Se evitan, de este modo, todas las perturbaciones antes mencionadas.

Por esta razón, es ideal el consumo de arroz integral, cebada perlada, avena, polenta de maíz, trigo integral, quínoa y amaranto. Todos estos cereales, si se cocinan solos o en preparaciones con verduras o frutas, aportan un sabor dulce. Entre las frutas, las ideales para consumir son pera, manzana, sandía, frutillas, damascos, cerezas, arándanos, frambuesas, que contienen menos cantidad de azúcar que el resto de las frutas. Al cocinarlas, potencian su dulzor y pueden servir como edulcorante para otras preparaciones o bien pueden utilizarse como mermeladas para acompañar panes y galletas o rellenar panqueques.

Las verduras dulces —zapallo, zanahoria, cebolla, nabo, repollo, coliflor— aportan un sabor dulce que equilibra el funcionamiento del páncreas, el estómago y el hígado, evitando la necesidad de consumir dulces de mala calidad.

Es notable cómo a partir de consumir estas verduras, frutas como manzanas o peras cocidas, cereales integrales y legumbres, la necesidad de consumir azúcar disminuye, ya sea refinado, integral o miel.

Todos estos alimentos mencionados anteriormente aportan energía duradera, porque se produce una combustión lenta del azúcar en la sangre (glucosa) y, por ende, no surgen los estados de hipoglucemia que se caracterizan por una sensación descontrolada de hambre, cansancio, sueño y desgano.

Es muy común también que, frente a esta falta de energía o sensación "hipoglucemiante", se busque la energía o necesidad de "despertarse", por ejemplo, con café, té negro, hierba mate o consumiendo carnes, para sentir la aparente fuerza que estos alimentos generan.

En la medida que exista un cambio de hábitos en cuanto a la alimentación y se suplanten esta clase de alimentos por otros integrales, habrá mayor fuerza y vigor, la energía será genuina –que no es producto del consumo de excitantes–, la atención y capacidad de concentración aumentarán y se tendrá mayor lucidez.

El azúcar y la hipoglucemia

La hipoglucemia o baja de la glucosa en la sangre puede generar estados de depresión y ansiedad, por eso se recomienda no pasar muchas horas sin ingerir algún tipo de alimento.

Muchas personas almuerzan y pueden estar hasta horas muy altas de la noche sin probar bocado. Luego, consumen abundante cantidad de comida y se van a dormir. Pero todas estas horas en que no se come pueden producir un desequilibrio de la glucosa, por lo que ésta puede estar baja en la sangre. Esto puede traducirse en estados de angustia, ansiedad e insomnio.

En estos casos, se recomienda hacer ingestas pequeñas, durante el día, de algún alimento dulce o que dé sensación de saciedad, sin necesidad de que sea azúcar o que la contenga. Por ejemplo, se puede recurrir a una fruta, pasas de uva o alguna otra fruta seca, un pancito de harina integral, un bollito o croqueta de arroz integral o de mijo con pasas de uva y manzanas, un pancito de harina integral o harina de maíz con puré de zapallo o dulce de membrillo, arándano o de cualquier otra fruta que no contenga azúcar, un poco de avena con manzanas cocidas y pasas de uva. Si estuviera en su casa, un jugo de manzana verde y zanahoria, o pera y zanahoria, o remolacha, manzana verde y zanahoria.

Para que una persona se encuentre en un estado de estabilidad física y emocional, es necesario tener en cuenta la química del cuerpo. Si la química está nivelada, las emociones, el ánimo, la capacidad de ver y la claridad mental también se nivelan.

Según Michio Kushi, profesor en Medicina Oriental, director del Instituto Kushi, en Boston:

> A menudo, el antojo por dulces es debido a la baja de azúcar sanguínea o hipoglucemia. Hoy en día, es una condición muy difundida; tanto como el 60% de los estadounidenses adultos la experimentan en diferentes gradaciones. Esta condición produce fuertes antojos por dulces, junto con altibajos de talante que incluyen depresión y ansiedad. Habitualmente, estos síntomas se agudizan por la tarde o noche.
>
> La causa principal de hipoglucemia es el consumo crónico y excesivo de alimentos como queso, huevos y mariscos. Estos artículos endurecen el páncreas, interfiriendo con la secreción de glucagon o antiinsulina, la hormona pancreática que hace subir el azúcar sanguínea. Evitar estos alimentos y comer más carbohidratos complejos, tales como cereales integrales, porotos, verduras y algas ayuda a resolver este proble-

ma. Muchos de ellos tienen un sabor dulce natural y este sabor se intensifica con la cocción.

Al mismo tiempo, puede tomarse la siguiente bebida para aliviar la hipoglucemia y restablecer las funciones normales del páncreas: media taza de zanahorias en cubitos, media taza de cebolla en cubitos, media taza de zapallo en tajadas muy finas, media taza de repollo en tajadas muy finas y 2 litros de agua. Poner todo en una cacerola grande, tapar y hervir. Reducir a mínimo y hervir entre diez y quince minutos. Colar en malla fina y tomar una o dos tazas por día.

El azúcar y la acidez estomacal

La sensación de acidez estomacal es un síntoma muy común. Está asociada al consumo de azúcar y carbohidratos simples en general (harinas, alimentos azucarados, arroz blanco, pastas de harinas blancas o exceso en el consumo de cualquier tipo de harinas y grasas). Todos éstos son alimentos acidificantes que, a la vez, acidifican la sangre.

Cambiar este tipo de dieta por una dieta alcalinizante, con la incorporación de frutas y verduras –en mayor proporción que otro tipo de alimentos–, cereales integrales y legumbres, masticando cada bocado hasta licuarlo antes de tragarlo, genera cambios muy importantes. La masticación es fundamental para evitar la acidez estomacal, ya que la saliva en contacto con el alimento, a través de una enzima llamada ptialina, evita la irritación de las mucosas gástricas.

El azúcar es un alimento muy acidificante, igual que las grasas y harinas. La ingesta de grasas animales (lácteos, quesos, pollo y carnes,) produce una combustión rápida de azúcar sanguíneo y la glucosa baja; con esto se origina la necesidad de consumir azúcar.

El azúcar y la diabetes

William Dufty, en su libro *Sugar Blues*, hace una acotación interesante con relación a la diabetes:

Los historiadores médicos llegan a la conclusión de que lo que llaman diabetes ha existido durante más de tres mil años.

Los egipcios no tenían sacarosa refinada, pero sí tenían miel en abundancia, así como el azúcar natural de dátiles. Los dulces se hacían endulzando una pasta con miel y dátiles. Los azúcares de dátil y miel son alimentos integrales, pero sólo puede uno tomar cierta cantidad sin ponerse enfermo. Durante el siglo XIX, nos dice la Historia médica que la incidencia de diabetes parecía aumentar y ser mayor que en tiempos antiguos. En 1880, el ciudadano danés medio consumía más de quince kilos de azúcar refinado al año. En ese año, la tasa de diabetes era de 1,8 por 100.000. En 1911, el consumo se había más que duplicado: unos cuarenta y un kilos anuales, la tasa de muertes por diabetes registrada era de 8 por 100.000. En 1934, el consumo danés de azúcar era de cincuenta y seis kilos por persona y la tasa de mortalidad por diabetes era de 18,9 por 100.000.

Alimentación para el cuerpo y el alma

Antes de la Segunda Guerra Mundial, Dinamarca era el país que consumía más azúcar de Europa. En Dinamarca, una persona de cada cinco sufre de cáncer.

El azúcar y la osteoporosis

En general, hay una preocupación muy grande respecto de cómo hacer para incorporar calcio y evitar la osteoporosis. Más que preocuparnos por cómo incorporar calcio, habría que entender cómo hacer para que éste no se pierda en el organismo.

El calcio, igual que otros minerales, es extraído de las reservas de minerales del cuerpo, cuando se consume en exceso alimentos acidificantes: grasas saturadas, azúcar, café, hierba mate, cafeína en general y productos químicos.

Ya hemos explicado que la sangre, cuando se acidifica, intenta volver a su estado natural de alcalinidad y, para ello, extrae los minerales alcalinos de la reserva del cuerpo, para equilibrarse. Entonces, cuanto más azúcar se ingiere, menos calcio disponible se tiene.

¿Por qué es tan difícil prescindir del azúcar?

El sabor dulce es el primero que está en contacto con el ser humano. La leche materna tiene sabor dulce. Al biberón de leche que se da al bebé los primeros años de vida, también se le agrega azúcar. Cuando el bebé llora, se lo acerca al pecho de la madre o al biberón. Asimismo, la leche de vaca tiene un sabor dulce. De manera que, a lo largo de la vida, el sabor dulce se asocia con la posibilidad de serenar, dar contención y tranquilidad.

Por eso, en nuestro crecimiento y desarrollo seguimos buscando ese sabor dulce, queriendo encontrar por medio de él afecto, sensación de protección.

Al consumir alimentos dulces, se genera una sensación de tranquilidad, la adrenalina disminuye. No obstante, como vimos anteriormente, ésta se potencia al cabo de un rato y se sigue buscando más azúcar para contrarrestarla, en un interminable círculo vicioso.

Para una persona adulta es más fácil dejar las carnes y el alcohol que el azúcar. Pareciera ser que los dulces son de las cosas más gratificantes para el ser humano, uno de los máximos placeres. Pero cuanto más placer buscamos es porque más dolor sentimos.

El consumo de azúcar aumenta cada año. Se considera que cada persona consume, aproximadamente, entre cincuenta y setenta kilos de azúcar al año; esto es paralelo al crecimiento de la ansiedad y el estrés.

Por qué cuando uno se alimenta bien disminuye la necesidad de ingerir dulces

Cuando en la alimentación cotidiana se elimina el exceso de grasas, la necesidad de consumir azúcar disminuye. Lo mismo ocurre cuando se evita o limita la ingesta de excitantes, como café, hierba mate, té negro y gaseosas. El exceso de alimentos muy elaborados, que implica cocciones prolongadas y el uso excesivo de aceites, también genera la necesidad de comer dulces.

Una alimentación equilibrada, moderada en el uso de condimentos, sin demasiados productos animales, con aceites de buena calidad y usados en poca cantidad, sin demasiada elaboración o tiempo de cocción, permite la disminución de la ansiedad; en consecuencia, no es necesario buscar alimentos azucarados.

Otra opción saludable es consumir productos orgánicos, sin químicos, así el hígado, el estómago y el páncreas se equilibran. Estos órganos necesitan carbohidratos para nutrirse. Muchas veces nos sucede que cuando sentimos el hígado cargado, al consumir un trozo de pan o algo dulce, se tranquiliza. Pero si el pan o el dulce no son de buena calidad, el hígado se sigue cargando y el malestar se convierte en crónico. En cambio, si utilizamos dulces de otra calidad, elaborados con la misma fructuosa de la fruta o con harinas de otra calidad, sin agroquímicos, equilibramos el funcionamiento del hígado, así como el del páncreas y el estómago que también necesitan del sabor dulce.

Con los alimentos integrales, como los cereales, las legumbres, las verduras y frutas, los órganos funcionan adecuadamente y no piden tanto azúcar.

Cómo dulcificar sin azúcar

Es posible endulzar postres y extraer el sabor dulce de los alimentos sin la necesidad de usar azúcar blanco ni edulcorantes artificiales, que contienen aspartame y sacarina, que tanto daño generan en la salud mental y física de las personas.

El azúcar natural de caña o azúcar rubio es un alimento integral, que contiene los minerales propios de la caña de azúcar. La miel de abejas también contiene minerales. Ambos no son alimentos desnaturalizados como el azúcar común o los edulcorantes artificiales. No obstante, su combustión es bastante rápida en el organismo, por lo que su consumo debe ser moderado, aunque siempre es mejor que la sacarosa en sí.

Existen en el mercado mieles de cereales, como la miel de arroz integral, de cebada o de maíz. Incluso existen mermeladas endulzadas con fructuosa (membrillo, manzana, arándanos, etc.).

Algunas frutas son edulcorantes naturales que pueden ser utilizados en postres o diferentes comidas; entre ellas: manzana, pera, uva, banana y frutas secas (ciruelas, orejones de durazno y pasas de uva). Vale decir que las frutas secas concentran mucha cantidad de azúcar y su consumo debe ser moderado, para evitar la pérdida de minerales en el organismo.

Hoy, en las dietéticas, se puede conseguir la llamada "hierba dulce" o *stevia*, que tiene un sabor dulce y se utiliza como edulcorante, aunque sin las contraindicaciones del azúcar. Por ejemplo, entre otras cuestiones, si se le pone azúcar a las infusiones, éstas pierden su valor terapéutico. Es bueno aprender a beberlas en forma natural.

Un dulce natural, sin azúcar ni fructuosa agregada, es el que se elabora a partir de manzanas rojas o peras: cortadas en trozos pequeños, se las cocina durante una hora o más. Es ideal para consumir cuando se quiere algo dulce y sirve como base para preparar distintos tipos de tortas y budines. (Se pueden ver distintas recetas en: *Aprender a cuidar el cuerpo-mente, 200 recetas del Spa Las Dalias*, de nuestra autoría).

LOS LÁCTEOS

Llamamos lácteos a aquellos productos derivados de la leche de vaca o cabra: leche, manteca, queso, yogur, kéfir, crema.

Hay diferentes teorías válidas con relación a las ventajas en el consumo de lácteos como otras sobre los perjuicios que pueden generar en la salud humana, los que iremos analizando en esta nota.

Una persona con un buen estado de salud puede consumir todo lo que la naturaleza ofrece, su alimentación tiene que ser amplia, prescindiendo de productos artificiales, "quimicalizados" y de los que puedan resultarle perjudiciales para su condición psicofísica, como el exceso en el consumo de azúcares refinados, productos animales con el agregado de hormonas o estabilizadores, estimulantes del sistema nervioso que contienen cafeína y alcohol.

En determinadas situaciones, si la persona está padeciendo alguna enfermedad en particular, tanto física como psicológica, tal vez, necesita abstenerse de ingerir algunos de los alimentos que la naturaleza provee, en función de su problemática individual, justamente, para ayudar a resolverla.

Sobre el consumo de carnes

El número de personas que practican el vegetarianismo aumenta año tras año y su estado de salud es una muestra de las ventajas que tiene esta forma de vida y de alimentarse.

Generalmente, aquellos que no consumen carnes tienen menos problemas relacionados con los sistemas circulatorio, digestivo y nervioso. Además, la práctica del vegetarianismo previene un sinnúmero de enfermedades, circulatorias, digestivas, hormonales, relacionadas con el sistema nervioso, etcétera.

En muchos casos, la elección del vegetarianismo obedece al hecho de evitar inútilmente la matanza de animales, por compasión y respeto a los seres vivos, ya que su carne y los nutrientes que ellas proveen pueden perfectamente ser sustituidos por otros alimentos.

En otros casos, esta elección obedece únicamente a un tema de salud, en el sentido de evitar el consumo de grasas saturadas, que son perjudiciales para el organismo.

Desde el punto de vista ecológico, el no consumir carnes rojas implica evitar el uso de millones de hectáreas dedicadas al pastoreo y que podrían ser utilizadas para la agricultura. Una hectárea dedicada a la siembra de trigo provee mucho más alimento que una hectárea dedicada al engorde de ganado. Se sabe también de la existencia de los llamados necrófagos, que son bacterias que consumen los cadáveres de animales y generan una gran cantidad de anhídrido carbónico.

El consumo de los derivados animales –huevos y lácteos– merece una explicación aparte.

El consumo de grasas y derivados animales

El ser humano, para funcionar adecuadamente, necesita consumir azúcares en forma de hidratos de carbono, proteínas, minerales, vitaminas, grasas y agua. Éstos son los componentes de la leche materna y, a lo largo de la vida, sus proporciones irán cambiando de acuerdo con las necesidades de crecimiento.

Estos elementos han de estar presentes en la ingesta normal de una persona o un niño y parece ser, según Annemarie Colbin, en su libro *El poder curativo de los alimentos* (edit. Robin Book), que la leche materna contiene cuatro veces más proporción de grasas que proteínas. Quizá, según dicha autora, ésta puede ser la explicación por la cual muchas personas sienten tanta atracción por la manteca, las frituras, la mayonesa, los quesos duros y las carnes.

La naturaleza suministra una proporción determinada de grasas para los bebés por su necesidad de crecimiento, pero para los adultos está mucho menos indicada. Ciertamente, las pruebas indican que las dietas ricas en grasas contribuyen directamente con el desarrollo de la obesidad y están implicadas, quizá indirectamente, en las enfermedades cardiovasculares, hipertensión, arteriosclerosis, hernias, trastornos de la vesícula biliar y diabetes.

Nuestra cultura ha desproporcionado el consumo de grasas con relación a otros alimentos. Entre otros aspectos, está en ello la necesidad de sentir potencia y el miedo a no tenerla.

Las grasas animales, además de generar saciedad, otorgan sensación de fuerza, de poder. Suele suceder que el exceso en este consumo tenga su origen en la sensación de debilidad, cansancio e impotencia que necesita ser contrarrestada.

Comúnmente, las personas creen que consumiendo carnes y grasas, por ejemplo, la de los lácteos y sus derivados, se ha de adquirir más vigor y fortaleza. Sin embargo, las cosas no son así, ya que el exceso en el consumo de éstas va debilitando diferentes funciones corporales y, debido a ese mismo estado de debilitamiento, se genera un círculo vicioso y la necesidad de seguir consumiéndolas.

Las grasas consumidas en exceso sobrecargan los órganos del cuerpo y las funciones corporales. El organismo necesita hacer esfuerzo para digerir este tipo de alimentos, lo cual requiere una enorme cantidad de energía. Esa energía que se usa para digerir el exceso, luego, es la que falta para poder funcionar en otros órdenes de la vida cotidiana.

Las proteínas animales pueden ser reemplazadas por proteínas vegetales: lentejas, garbanzos, poroto aduki, poroto negro, soja, gluten de trigo (llamado zeitán). Y las grasas animales de carnes y lácteos pueden ser suplantadas por las grasas incorporadas en frutas oleaginosas, como nueces, almendras, semillas de sésamo y zapallo, y por aceites de primera presión en frío, como el de oliva, girasol, germen de trigo, lino. Se debe tener en cuenta que las grasas de las frutas oleaginosas también han de ser consumidas con moderación y no diariamente.

Es común que algunos nutricionistas aconsejen a sus pacientes ingerir diariamente mezclas de estos tipos de alimentos, que sobrecargan la función digestiva y hepática, generando un *shock* para el organismo por el exceso de nutrientes.

El exceso en el consumo de alimentos proteicos y con alto contenido en grasas puede ser perjudicial para la salud humana. Nuestra cultura le ha dado demasiado énfasis a la utilización de estos nutrientes en la dieta, por lo que la mayoría de las comidas que una persona normal ingiere los contiene excesivamente. Cada vez hay más indicios de que con muy poco de estos nutrientes se puede estar bien alimentado y con un buen estado de salud.

La potencia y el vigor aparecen como el resultado de haber consumido lo necesario y por haber dejado descansar a los órganos del cuerpo de tanta sobrecarga.

La cantidad de grasas y proteínas deben ingerirse basándose en la época del año, la edad de la persona, así como también según el temperamento y la necesidad particular de acuerdo con la actividad que se desarrolle. Por ejemplo, en el verano, se necesitan pocas grasas y proteínas, pero en el invierno, el cuerpo pide y necesita más de ambas.

Las propiedades del huevo

El consumo de huevos, para una persona de mediana edad, que vive en un clima templado, puede llevarse a cabo hasta tres veces por semana, siempre y cuando sean huevos de campo, biológicos, que provienen de gallinas alimentadas naturalmente y no con alimento balanceado u hormonas.

El huevo puede ser un buen sustituto de carnes y lácteos. Las últimas investigaciones han demostrado que el huevo no aumenta el colesterol, tal como se creía.

Los nutrientes que el huevo contiene lo hacen un alimento único e indispensable en la comida de todos los días. Muchos de estos nutrientes, necesarios para la salud, no se encuentran en otros alimentos.

Así, por ejemplo, la luteína y la zeaxantina son dos carotenoides que se encuentran en la yema del huevo. Ambos son importantes en el mantenimiento de la función ocular de las personas mayores. Ciertas investigaciones indican que ingestas elevadas de luteína y zeaxantina, presentes en los huevos, implican un menor riesgo de cataratas y degeneración macular ligada a la edad.

El huevo también contiene colina, que está actualmente reconocida como un nutriente esencial muy importante para la integridad estructural de las membranas celulares, la transmisión neuronal y una amplia gama de procesos metabólicos de nuestro organismo, incluso es la responsable de la limitación en la absorción del colesterol.

La biotina es otro nutriente importante que se encuentra en el huevo. Está vinculada con la protección de la piel, con un gran número de reacciones del organismo y con el mantenimiento de las funciones corporales.

Respecto de la preocupación acerca del colesterol, es una cuestión ya superada a la luz de recientes investigaciones. La evidencia de que el consumo de huevos no está relacionado con el incremento del riesgo cardiovascular es una de las conclusiones que se desprenden de los resultados del trabajo desarrollado por el equipo del profesor Sung I. Koo, del Departamento de Nutrición Humana, de la Universidad de Kansas (Estados Unidos), sobre los efectos positivos de la lecitina o fosfatidilcolina presente en la yema del huevo. Los resultados muestran la primera evidencia científica de que la fosfatidilcolina de la yema de huevo reduce, de forma significativa, la absorción intestinal de colesterol. (Para obtener más información, se puede visitar en Internet: http://www.institutohuevo.com/scripts/colesterol.asp).

La controversia sobre el consumo de lácteos

Es aquí donde surge la controversia; el tema debe ser visto objetivamente. Es necesario conocer los riesgos que la leche de vaca y sus derivados pueden ocasionar en la salud humana, pero también es fundamental destacar las ventajas que surgen del consumo moderado de un derivado de la leche.

En este sentido, nos referimos a leche de calidad biológica, es decir, que es extraída de vacas sanas, que consumen hierbas que no están tratadas químicamente y también alimentos que no contienen hormonas. Además, esta clase de leche no ha sido extraída con máquinas y las vacas de las cuales proviene no reciben antibióticos cuando padecen enfermedades, sino que son tratadas de forma natural y, en la extracción y elaboración de derivados, se cumple con las normas de higiene necesarias.

Para muchas personas, el consumo de lácteos es un hábito casi adictivo, especialmente los quesos.

El primer alimento que el ser humano recibe es la leche materna y después el biberón con leche de vaca. Cuando el bebé llora, lo primero que se le da es leche; por su "hambre", angustia, tensión o temor, la madre lo lleva al pecho o bien le ofrece un biberón. Frente a esta realidad, es lógico que el consumo de lácteos genere una sensación de saciedad, no sólo física, sino psicológica y afectiva. No obstante, es posible y se puede vivir perfectamente sin consumirlos en exceso, y hasta prescindir totalmente de ellos.

El perjuicio por el consumo de lácteos

Los lácteos que la mayoría de las personas consumen, que se adquieren en supermercados y que son publicitados en los medios de difusión masiva, están elaborados con leche de vacas a las que, en su mayoría, se les extrae mucha más cantidad de lo que pueden dar, con máquinas apropiadas para ello.

Suele ocurrir que lo normal es extraer una cierta cantidad, que difícilmente supere los siete litros diarios por vaca. Las vacas de la industria lechera dan diariamente una cantidad mucho mayor a esta cifra, debido, en gran parte, al consumo de alimentos "quimicalizados" y hormonas.

Muchas de las enfermedades de la época actual que se relacionan con desequilibrios hormonales (niñas que menstrúan a los nueve años, aparición de quistes en los ovarios o en las mamas, fibromas, problemas en la menopausia, disfunciones de la próstata, remoción de útero en mujeres jóvenes, etc.) están íntimamente vinculados con el consumo de leche y sus derivados.

Debido a la exigencia y al estrés que este animal recibe, las vacas suelen padecer una enfermedad de la ubre, llamada mastitis, y reciben antibióticos para tratar de resolver este problema. Éstos pasan, luego, a la leche y sus derivados y, en consecuencia, a los consumidores, lo cual produce una baja de su sistema inmunológico.

Ocurre también que muchas vacas son alimentadas con pastos tratados con agroquímicos, de manera que la leche de dichas vacas también recibe estas sustancias.

Además, una vez extraída la leche, para lograr su conservación, recibe productos químicos, así como los quesos, la manteca y los yogures. Los lácteos descremados, a causa del proceso para eliminar la grasa en la industrialización, pierden el calcio disponible.

Los quesos duros concentran, además, grasa; los quesos blandos, para lograr esa consistencia, contienen químicos nocivos para la salud humana que le dan la textura necesaria para ser un "queso crema". Para la mayoría de las personas, el consumo de lácteos y sus derivados es algo cotidiano y, a veces, lo consumen en casi todas las comidas de un día. Por ejemplo, habitualmente, la culinaria europea acostumbra a usar lácteos en la elaboración de todos los platos.

Sin embargo, es posible reemplazar la leche, la manteca y la crema por otro tipo de ingredientes, que dan buenos sabores y no hacen daño al organismo. (Ver algunas recetas en *Aprendiendo a cuidar el cuerpo-mente, 200 recetas del Spa Las Dalias*).

Según Mishio Kushi y la Dra. Martha Cotrell, en su libro *Sida, macrobiótica e inmunología natural*:

El sistema inmunológico y otros sistemas corporales funcionan mejor cuando el organismo es ligeramente alcalino (PH alrededor de 7,2). Pero los lácteos y otros productos de elevada proteína tienden a causar un alza pasajera en la acidez sanguínea, lo que produce una liberación de calcio de los huesos y, como resultado, una excreción de calcio dietético. Un estudio de 1985, realizado por el *National Dairy Council* (Consejo Nacional de Lácteos), de Estados Unidos, descubrió que no había cambios significativos en el equilibrio de calcio cuando las dietas posmenopáusicas eran complementadas con tres vasos de leche (unos 240 g por día). Los investigadores atribuían este fracaso para mejorar el equilibrio del calcio al aumento promedio del 30% en absorción proteínica durante la complementación de leche. De manera que, aun cuando la leche contiene mucho calcio, gran parte de este mineral se pierde indirectamente en la respuesta homeostática a su alto contenido proteínico. Los compuestos nitrogenados que resultan de la digestión y metabolismo de la proteína pueden significar una pesada carga para los riñones, afectando adicionalmente la condición de la sangre. El consumo de mucha proteína produce amoníaco, un compuesto nitrogenado altamente tóxico, que puede acrecentar el riesgo de enfermedades degenerativas del intestino.

Es importante incorporar calcio, pero, además, es fundamental tener en cuenta cómo evitar que se pierda.

El consumo de alimentos acidificantes, como las grasas animales, el exceso de proteínas, de dulces y de comida, los alimentos que contienen cafeína (café, hierba mate, té negro, bebidas cola) y, fundamentalmente, los estados emocionales que genera el estrés quitan el calcio que hay disponible en el organismo y también otros minerales.

El calcio que la leche provee puede ser reemplazado por el consumo de verduras –brócoli, repollo, coliflor–, algas marinas, frutas, como la pera y manzana que contienen boro que permite fijar el calcio disponible en el organismo. Lo mismo sucede con los cereales integrales que, por un proceso de transmutación biológica, transforman el silicio que contienen en calcio.

En países donde menos cultura en el consumo de lácteos existe, como Japón, es donde menos osteoporosis hay y, justamente, donde más lácteos se consumen más osteoporosis hay, por ejemplo, los Estados Unidos.

El beneficio por el consumo moderado de lácteos: yogur, ricota, kéfir

En este caso, nos referimos al consumo de leche orgánica o biológica, extraída de vacas alimentadas naturalmente. En las ciudades, se consiguen estos productos orgánicos en almacenes naturales especializados, y las personas que viven en el campo pueden encontrar productores de este tipo de leche.

La leche contiene elementos nutricionales que ayudan en la formación de huesos, músculos, nervios y el cerebro, y el azúcar que ésta contiene provee de calor y energía para mantener las funciones corporales. Es un alimento para el crecimiento, por lo que puede ser más utilizado en niños que en adultos.

Para ciertas personas, la leche puede resultar nociva, dado que no pueden digerir la caseína, que es la proteína propia de la leche, que puede generar reacciones alérgicas y problemas intestinales; en ocasiones, lo mismo sucede con la lactosa, que es el azúcar propio de la leche. De ahí que el yogur y el kéfir, llamados alimentos probióticos, que se producen a partir de lactobacilos y bacterias, que transforman la lactosa en ácido láctico, son de mejor digestión y, a la vez, aportan beneficios para la salud actuando como antibióticos naturales y equilibrando la flora intestinal. Además, contienen menor caseína que la leche, con lo cual son de mayor tolerancia.

La ricota, también llamada quesillo, es una forma natural y saludable de consumir el lácteo. En su elaboración, al separarse el cuajo, se obtiene este producto que contiene menos cantidad de grasa, si se compara con la de los quesos estacionados. Cuanto menos estacionado es un queso, menos grasa disponible contiene.

El consumo moderado de lácteos de buena calidad, elaborados artesanalmente, para aquellas personas no alérgicas, con un hígado que funciona bien, con un buen funcionamiento intestinal y una buena circulación sanguínea, que por consumir poca carne o nada necesitan un aporte extra de grasas, puede ser beneficioso para la salud.

Un poco de ricota casera, quesillo o queso de cabra ingerido de vez en cuando puede ser beneficioso, siempre teniendo en cuenta la cantidad consumida de acuerdo con la época del año y la necesidad de cada persona, tanto corporal como psíquica.

El queso de búfala también es recomendable, ya que posee menos grasa y menos proteínas que el de vaca o cabra.

Hay momentos en que el aporte de grasa es necesario, debido a un exceso de actividad física o intelectual. En determinadas épocas, una porción diaria es necesaria y, en otras ocasiones, sólo basta con una porción una o dos veces a la semana.

Un alimento reconstituyente general para estados de agotamiento físico y psicológico puede ser la ricota casera mezclada con un poco de miel, si se consume con moderación.

El Dr. Swinburne Clymer, en su libro *La dieta, clave de la salud,* haciendo alusión al uso de la leche y las dificultades que pueda generar en la salud, tanto de niños como de adultos, en el caso de que ésta produzca disfunciones alérgicas o intestinales, propone que se utilice –de quince a treinta minutos antes de consumir la leche– una fruta subácida, para compensar la acidificación que puede llegar a tener el organismo que es la generadora de la perturbación al consumir el lácteo. Estas frutas subácidas o que generan una reacción alcalina pueden ser limón, pomelo o lima.

La teoría del Dr. Clymer es que el lácteo, el que recomienda que sea de naturaleza orgánica o biológica, resulta negativo al organismo cuando el organismo ya tiene en su sangre un estado de acidificación. Él promueve el consumo de lácteos considerando sus ventajas nutricionales, pero si se consumen anteriormente frutas que ayudan a alcalinizar la sangre, tales como las antes mencionadas. No obstante, es importante tener en cuenta, en determinadas circunstancias, que la eliminación de lácteos en la dieta de un niño puede ser una ventaja muy grande en su salud, ya que esta eliminación puede permitir que se prevengan alergias severas y problemas intestinales.

Alimentación para el cuerpo y el alma

La importancia del amamantamiento
versus el biberón

El amamantamiento está siendo reemplazado por el consumo de leche de vaca ya desde el nacimiento. La publicidad de productos lácteos, leches de diferentes calidades, con determinados aditivos nutricionales, y yogures especialmente enfocados en la necesidad nutricional de los niños, es una invasión permanente. Se desconocen las ventajas de la leche materna y lo que ello implica en la posterior salud del ser humano.

El debilitamiento físico y psicológico de los seres humanos es uno de los graves problemas que hoy aquejan a la humanidad. Si bien la cantidad de años de vida es mayor, la calidad de ésta ha disminuido. Las enfermedades que existen en la civilización, tales como cáncer, sida, diabetes, anemia, alergia, enfermedades del sistema nervioso –depresión, ataque de pánico–, entre otras, son una muestra de ello.

Entre tantas causas, la mala alimentación está íntimamente ligada con la falta de fortaleza física y psicológica que hoy aqueja a muchas personas.

También es real que cada vez hay más conciencia acerca del beneficio que significa el amamantamiento con relación a la capacidad de prevenir problemas psicofísicos y es común que hoy en la medicina pública se aliente esta práctica. A pesar de ello, existen muchas madres que, ante la primera dificultad en poder contar con leche propia, descartan esa posibilidad y recurren a las leches comerciales tan bien publicitadas por los medios de comunicación. Amamantar a un bebé es, además, contacto, nutrición por los sentidos.

Existe un aparatito llamado relactador, que se coloca en la mama mientras el bebé succiona el pezón para estimular la salida de leche materna, en el caso que la mamá no cuente con la suficiente cantidad de leche.

Hasta que la producción de leche materna se normalice, producto de la estimulación mecánica, el bebé puede consumir leche de vaca o vegetal (avena, arroz, almendras, mijo, sésamo, soja), para cubrir sus necesidades nutricionales (se pueden consultar las recetas al final de este capítulo).

El amamantamiento tiene las siguientes ventajas: protege al bebé de diabetes, enfermedad celíaca, ileitis terminal (enfermedad de Crohn), colitis ulcerosa, cólicos, constipación, infecciones de oído, enfermedades autoinmunes y de la tiroides, diarreas, caries, mala oclusión dental, enterocolitis necrosante, hipertrofia linfoidea, enfermedades crónicas hepáticas, meningitis, asma, estados febriles, eczemas, entre otras…

La Organización Mundial de la Salud y otras importantes organizaciones han recogido en los últimos años una verdad de la experiencia práctica de millones de madres, aconsejando un mínimo indispensable: "Pecho exclusivo como alimento hasta el sexto mes de vida y su continuación hasta, por lo menos, los dos años de edad, como nutrición óptima de los niños". Tan sólo un escasísimo e irrelevante número de madres podría tener una dificultad real para amamantar, la cual es siempre solucionable con la información y ayuda de grupo de apoyo (se puede consultar al respecto en: http://www.amamantar.org/index/notas/). La leche de vaca puede llegar a ser perjudicial para muchos bebés, generándoles mucosidad, alergias, problemas bronquiales e intestinales. Pero se puede intercalar entre la leche vegetal y animal y observar cuál le sienta mejor, siempre utilizando leche orgánica y no la leche industrializada. También la leche de cabra puede ser beneficiosa, ésta posee un tenor de grasa menor que la de vaca.

El desarrollo del sentido común

De todo lo antedicho, surge la idea de que es necesario ser consciente de las ventajas y desventajas que ocasiona el consumo de lácteos. El sentido común –como siempre– es el que puede determinar la decisión correcta. No existen reglas y cada caso en particular ha de tenerse en cuenta.

Hay verdades que sí es importante considerar. Los alimentos "quimicalizados" son negativos para la salud humana, cualquiera sea su tipo, en este caso nos referimos a los lácteos. Si de alimentos naturales se trata, en el caso de los lácteos, su consumo ha de ser moderado y responsable, como ocurre con cualquier otro alimento.

El sentido común dice mucho, sobre todo en cuanto a la cantidad y frecuencia en el consumo, esto es así tanto para niños como para adultos. Obviamente, un ser humano en edad de crecimiento necesita más de las proteínas y grasas de buena calidad, cosa que la leche materna provee y también la leche de vaca y cabra.

Lo importante es no condicionarse a las pautas culturales de alimentación, conocer los riesgos del exceso e investigar recurriendo a personas especializadas que utilizan un buen criterio y conocen las implicancias que, para la salud, tienen los alimentos "quimicalizados".

También es necesario tener la suficiente amplitud de criterio como para darse cuenta de que no sólo los alimentos lácteos nos dan los aportes nutricionales necesarios, sino que, además, existen muchos otros que forman parte de la naturaleza y nos los suministran.

Es de considerar que una buena nutrición no es exclusiva del alimento ingerido por boca: es fundamental la nutrición del alma. Cuestionar y descondicionarse de tanta propaganda a favor de la leche y sus derivados es también generar un estado de libertad y no ser tan vulnerable a la manipulación de la que, en general, somos inconscientes.

Hay intereses creados en el hecho de generarnos el temor de que si no consumimos tal o cual alimento, podemos enfermarnos. Hay poca educación con relación a estar abierto a lo nuevo, a prevenir enfermedades, pero no mediante algún examen para saber detectar una enfermedad terminal precoz, sino para enseñarnos a vivir, a ser moderados, a desarrollar nuestro sentido común y a encontrar la ventaja, el beneficio de lo simple, austero y natural.

Alimentación para el cuerpo y el alma

Recetas de leches vegetales

Estas leches pueden ser sustituidas o bien intercaladas con la leche de vaca orgánica para el consumo de bebés o niños. Las más aconsejables, según nuestro criterio, son la de mijo, quínoa y arroz, ya que el sésamo y las almendras pueden ser más difíciles de digerir, y la leche de avena genera mucosidad. Hay que ir muy despacio, observando los resultados de unas y otras.

Leche de mijo o de quínoa

- 2 cucharadas de mijo o quínoa por cada vaso de agua que se utilice.

Colocar sobre el fuego y, una vez que hierve, dejar tapada la preparación entre 10 y 15 minutos. Pasar por la licuadora y colar; endulzar a gusto. Se le puede agregar gotitas de vainilla.

No se puede usar esta leche en el relactador, hay que agitarla bien antes de servirla. Tener en cuenta que de dos tazas iniciales, luego de la cocción queda, aproximadamente, una taza.

Leche de arroz integral

- 1,5 tazas de arroz integral crudo, 3 tazas de arroz integral moti crudo y 2 cucharadas de sésamo blanco tostado y molido, 15 tazas de agua, vainilla o canela. Mezclar los ingredientes con el agua y cocinarlos por unas horas, hasta que quede una consistencia cremosa. Dependiendo del clima, puede agregarse más agua para que quede más líquida.

Leche de almendras

- 100 gramos de almendras, 500 cc de agua.

Remojar las almendras en el agua durante toda la noche. Después, licuar; al principio, usar la mitad del agua de remojo, para que se trituren mejor las almendras. Luego, agregar el resto del agua. Colar, exprimiendo bien la preparación. Perfumar, si se desea.

Leche de sésamo

- 50 gramos de semillas de sésamo, 1 taza de agua, gotas de vainilla.

Remojar las semillas en la taza de agua durante toda la noche. Por la mañana, licuar, endulzar y perfumar con las gotas de vainilla. Guardar en la heladera. Las semillas de sésamo contienen mucho más calcio que la leche de vaca.

Leche de avena

- 200 gramos de avena, 1 litro de agua y gotas de vainilla.

Hervir la mitad del agua y agregar la avena; dejar hervir durante 10 minutos la preparación. Luego, agregar el medio litro de agua restante. Triturar o procesar toda la preparación y colarla.

(Algunas de estas recetas son gentileza del grupo Los Nonos: http://www.amamantetarte.com.ar
e-mail: grupolosnonos@ciudad.com.ar).

Capítulo 2
Pautas para una vida sin estrés

HERRAMIENTAS PARA VIVIR SIN ESTRÉS

El estrés: síntoma de la época actual

A principios del siglo XX, la enfermedad "de moda" era la tuberculosis, hasta parecía que el tenerla significaba estar a tono con la época, toser, hundir el pecho... Esto era propio, en aquel momento, de los artistas, músicos, poetas... En la actualidad, la enfermedad "de moda" es el estrés.

Suele ocurrir que hasta en ciertos sectores de la sociedad quede bien "estar estresado", porque es un indicio de que se está muy activo, produciendo. Cuanto más ansioso y estresado se encuentra alguien, según ciertos parámetros sociales, pareciera que esa persona es "mejor vista" que otras, ya que se supone que está funcionando creativa y productivamente, generando recursos, valores sobreestimados en la sociedad.

El estrés implica tensión, sobrecarga, rigidez y está aparejado con innumerable cantidad de enfermedades que también son propias de la época. Se habla de "enfermedades epidemia", que no significa que sean contagiosas, sino que están colapsando los consultorios médicos debido a esas problemáticas.

Seguramente, cada uno de nosotros nos vemos afectados por alguna de ellas: colon irritable, depresión, insomnio, ataque de pánico, hipertensión, sobrepeso y obesidad, hipercolesterolemia, alergias, anemia, remoción de útero en mujeres jóvenes, anorexia y bulimia, hipotiroidismo, diabetes, cáncer, sida, enfermedades del corazón, trastornos en la menopausia, incapacidad para concebir y sostener un embarazo, dolores de cabeza recurrentes, problemas digestivos, circulatorios, etcétera.

El estrés que cada persona vive tiene que ver con varios aspectos:

- *El planeta en sí mismo vive una situación de estrés*

El cambio climático es un hecho y no sabemos si puede ser reversible. Lo que sí sabemos es que el efecto invernadero y la emisión de anhídrido carbónico generan sequías e inundaciones, altas temperaturas, que afectan a muchísimas zonas del planeta, peligrando la biodiversidad, generándose la extinción de plantas y animales. El Sol, con una radiación muy fuerte, perturba el crecimiento de las plantas. Todo esto afecta a la naturaleza en su conjunto y, en consecuencia, a la salud humana.

Muchas de las enfermedades antes mencionadas están íntimamente relacionadas con el cambio climático, de manera que el estrés que el planeta vive también lo vivimos cada uno de nosotros. Hay que tener en cuenta que ésta es una interrelación, porque el estrés del planeta afecta al ser humano y las acciones del ser humano y su propio estrés afectan al planeta.

- *El exceso de tecnología*

Obviamente, no se puede estar en contra de la tecnología, porque es necesaria hoy en varios aspectos y muchos de nosotros, sino la mayoría, trabajamos dependiendo de una computadora, necesitamos de ella, así como de un teléfono celular. Pero el hecho es que se hace un uso indiscriminado de la tecnología y hasta se le da más valor que al mismo ser humano.

La carga electromagnética de celulares, PC, televisores, todos los electrodomésticos y tantas nuevas formas de tecnología que surgen día a día afectan nuestra salud, *excitando el sistema nervioso*, generando irritabilidad y debilitando nuestro sistema inmunológico. Se comprueba cotidianamente cómo la carga electromagnética de computadoras tiene que ver, por ejemplo, con el desequilibrio hormonal en las personas e incluso en la incapacidad para la concepción.

Para eliminar el exceso de carga electromagnética, tendríamos que hacer actividad física, constante y diariamente, y alimentarnos de forma natural, y así descargaríamos este exceso de contaminación. La sobrecarga electromagnética genera estrés. La hiperactividad de los niños, de la que tanto se habla hoy, está también relacionada con el hecho de estar horas frente al televisor o una PC, recibiendo dicha carga.

No se trata de eliminar la tecnología de nuestras vidas, sino de hacer un uso racional de la misma. Si se está trabajando con una PC muchas horas, se debe tratar de evitar, luego del trabajo, el estar frente al televisor o navegando por Internet, chateando, es decir, se debe intentar usar la computadora para lo indispensable, lo mismo que el televisor. El teléfono celular permanece prendido el día entero, a veces, a pesar de que uno está en su propia casa con un teléfono fijo. Asimismo suele ocurrir que el celular queda prendido al lado de la cama a modo de despertador, aunque se sabe que emite cargas que afectan la salud humana, igual que los despertadores eléctricos.

• *La contaminación ambiental*

Ésta puede producirse por diferentes causas: debido a los gases que el transporte genera; el exceso de anhídrido carbónico en el ambiente, producto de la quema de carbón y petróleo; el plomo que emanan los automóviles y el transporte de pasajeros; el uso de elementos de limpieza nocivos para el medio ambiente, de los que cada vez hay más en el mercado; la utilización de aire acondicionado, tanto frío como calor; las luces incandescentes; los solventes para limpiar alfombras; los formaldehídos de las pinturas…

Todo esto y más aún afecta al ser humano, generando sobrecargas que, a la vez, producen alergias, dolores de cabeza, irritabilidad, tensión, cansancio, fatiga…

La carga electrostática debida a tanto plástico que utilizamos –en la indumentaria, en la cosmética, en lo que está en contacto con nuestra piel– actúa del mismo modo.

• *La contaminación sonora*

En las ciudades, en los lugares abiertos, el constante ruido del transporte privado y público, las sirenas de las ambulancias, las bocinas y los arranques imposibilitan una conversación fluida e, incluso, impiden el uso del teléfono, ya que resulta imposible escuchar al otro. Las personas se vuelven casi sordas, a causa de que una función vital –como es el poder oír bien normalmente– se ve limitada, porque el oído se va atrofiando. En los lugares cerrados, el exceso de gente y la música aturden.

Es sabido que hay una cantidad de decibeles que son propios o naturales para el oído humano y que, cuando esa cifra se excede, la persona tiene que realizar un esfuerzo sobrehumano que la agota, debilita, insensibiliza e irrita su sistema nervioso.

• *El comer de más*

Es muy común que las personas consuman casi dos veces más de lo que la capacidad de su cuerpo necesita, en algunos sectores de población.

La necesidad de comida es básica y fundamental en el ser humano, hace falta comer para vivir. Pero sucede que, en ocasiones, comemos pero no por hambre, sino para llenar un vacío, para tapar nuestras frustraciones, por la búsqueda de placer, por generar satisfacción.

La idea no es pensar en que no haya que encontrar una gratificación ingiriendo una comida sabrosa, bien hecha, que a uno le resulte agradable; la idea es entender por qué comemos de más.

Cada uno conoce su medida y cada uno sabe cuándo está comiendo más allá de su propia capacidad, por ansiedad o por la simple búsqueda de placer, comiendo solamente porque es gustoso lo que se come.

El exceso de comida desequilibra las funciones corporales del hígado, los intestinos, el corazón y los riñones. La capacidad de descargar disminuye, porque la sobrecarga es muy grande y, por ende, los órganos trabajan con menor capacidad. Esto implica un gran esfuerzo para todo el organismo; el esfuerzo genera exigencia, es tener que hacer más de lo que se puede, ésta es, justamente, una de las definiciones del estrés.

- *El consumo de excitantes del sistema nervioso*

El café, la hierba mate, el té negro, las bebidas cola, el azúcar, las carnes, el tabaco, los químicos y el alcohol son excitantes del sistema nervioso.

Cuando el sistema nervioso está excitado, la persona acelera su sistema circulatorio, su corazón trabaja más exigido, su ritmo interno es diferente, está sobreestimulada, los órganos del cuerpo trabajan con esfuerzo, la persona está ansiosa, no duerme naturalmente, hay irritabilidad, confusión, desorden, un pensamiento no claro y una energía no genuina, sino artificial, producto de la misma excitación.

El consumo de alimentos "quimicalizados", con fertilizantes, hormonas, resaltadores de sabor, edulcorantes artificiales, conservantes, grasas hidrogenadas, etcétera, actúan en el organismo de forma similar: estos químicos que los alimentos contienen sobrecargan la función hepática.

Cuando el hígado, que es "el laboratorio" del cuerpo, ha recibido más de lo que su capacidad puede aceptar, no realiza bien su trabajo de desintoxicar la sangre, de permitir que ésta realice adecuadamente su función de llevar los nutrientes al resto del organismo, de que bombee bien el corazón y que la sangre pueda fluir normalmente. El cuerpo humano se esfuerza para poder asimilar elementos extraños a su propia naturaleza, y esto genera enfermedades diversas: en el sistema circulatorio, alergias, quistes y hasta cáncer.

Una alimentación química, artificial, es un gran estrés para el organismo y también para la mente.

- *La vida sedentaria*

La falta de actividad física produce falta de energía, potencia, vigor, de ganas vivir.

Un cuerpo en el que no hay activación circulatoria, en el que la sangre no circula, en el que la energía no se mueve; un cuerpo que permanece quieto muchas horas del día, sentado frente a una computadora o un escritorio, o detrás de un mostrador, no tiene fuerza, no tiene sensibilidad, se va atrofiando.

Para que haya salud, tiene que haber movimiento. Para eso tenemos piernas y brazos, que necesitan ser activados.

Actualmente, la vida de la mayoría de las personas es sedentaria, ya no se camina como antiguamente se hacía. Además, el uso de lavarropas, secarropas, lavaplatos y tantos otros elementos electrodomésticos, que fueron inventados para facilitar la vida, implica casi nada de movimiento. Pero es necesario moverse para que el organismo pueda descargar el exceso de comida, emociones, tecnología y de quietud.

Una persona que realiza una actividad física diaria puede dar otras respuestas a los desafíos de la vida cotidiana. Cuando el cuerpo se mueve, se activa, la sangre circula, el sistema nervioso se equilibra. Está comprobado que la depresión, el insomnio, los trastornos de ansiedad y los ataques de pánico suelen prevenirse, y hasta resolverse, con una intensa actividad física.

- *El no desarrollo de actividades expresivas y creativas*

La capacidad de expresarse es innata del ser humano. Nos expresamos de diferentes formas: a través del movimiento del cuerpo, del lenguaje, del movimiento de nuestras manos, de nuestra capacidad imaginativa...

El acto de crear genera vitalidad, nos conecta con la posibilidad de sentirnos vivos, despiertos. El desarrollo de la creatividad cura, modifica hasta la química de nuestra sangre. Realizar una actividad expresiva nos conecta con la vida... Cantar, bailar, escribir, actuar, modelar, pintar, tejer, coser, hacer muebles, carpintería, en fin... Cosas que acercan al ser humano a su esencia, que lo sacan de la pura actividad productiva, y a veces mecánica, y lo ensamblan con su propia verdad, con su espíritu creador, que es sinónimo de algo más primario y visceral, necesario para vivir lo menos tenso posible.

- *La falta de contacto con la naturaleza*

La naturaleza es una fuente de energía genuina. Cualquiera puede saber lo que se siente cuando se está en medio de un bosque, caminando por la arena, contemplando un cielo estrellado, un amanecer, un atardecer, en contacto con plantas y animales, respirando aire puro, mirando el azul del cielo o las nubes. Cuando uno se siente naturaleza, y siente que no está separado de ella, sino integrado, que es parte de ella, hay una sensación de humildad. En esa sensación, la mente, el cuerpo, todo uno se armoniza.

Viviendo en la ciudad, uno también puede estar en contacto con la naturaleza. Eso significa ingerir alimentos naturales, libres de químicos, dentro de lo posible; significa mover y activar el cuerpo; significa acercarse a las plantas, los animales, árboles y poder salir en búsqueda de aire puro.

Viviendo en la ciudad, además, uno también puede dar respuesta a las enfermedades de forma natural, curándose con hierbas, plantas, alimentos especiales, respiraciones o inhalaciones, meditaciones, arcilla, agua.

- *El exceso de pensamiento*

La mente de la mayoría de todos nosotros nunca para, parlotea incesantemente. Las personas pensamos todo el tiempo.

Por eso, es necesario pensar, tener un pensamiento reflexivo, racional, saber dónde uno tiene que ir, qué es lo que va a hacer, aprender algo, saber qué va a comer, qué ropa va a usar, etcétera.

Pero nosotros pensamos de otra forma. Nuestra mente nunca se aquieta, pensamos y pensamos mecánicamente: en lo que pasó, en lo que va a pasar, en lo que me dijo o no me dijo, en lo que voy a decirle o hacer…

Tenemos, en forma permanente, imágenes de situaciones y pensamos en ellas. Esto desgasta nuestro organismo. Es como estar el día entero moviendo el brazo, cuando llegue la noche, no sólo el brazo quedará atrofiado, sino también todas las funciones corporales se verán disminuidas.

Alimentación para el cuerpo y el alma

Con el pensamiento ocurre algo similar. Pensamos y pensamos, nos vamos a dormir y seguimos pensando. La mente no descansa nunca y esa falta de descanso se traduce en agotamiento.

Pensamos mucho porque nos sentimos inseguros y creemos que pensando vamos a resolver nuestros problemas. Cuando surge un conflicto, comenzamos a pensar más de lo normal y, justamente, de esta forma, no lo resolveremos. Claro que un pensamiento racional y reflexivo es necesario para encontrar respuestas; pero el pensamiento reiterativo y obsesivo sobre el problema no resuelve, al contrario, agota, quita energía y empeora las cosas.

Este exceso de pensamiento es una de las causas principales del estrés, porque éste en sí mismo es un desborde, es haber llegado a "la gota que rebalsa el vaso", es permanecer demasiado sobrecargado física y mentalmente.

El ser humano tiene dos cerebros que actúan al unísono, sincronizadamente: el simpático y el parasimpático. El simpático es llamado "acelerador", el que se encarga de las funciones de acción, funcionamiento, en el campo físico y psicológico. El parasimpático se encarga de las funciones de freno, de desacelerar, relajar, permite el reposo, la quietud, también en los aspectos físico y psicológico.

En las épocas que se viven, las personas desarrollamos más el cerebro simpático que el parasimpático, y eso nos desequilibra. Tenemos que aprender a usar nuestro cerebro parasimpático, conectarnos con la posibilidad de quietud, de aprender a parar, contemplar, sin pensar, simplemente conectado con las sensaciones, con los sentidos.

- *Los parámetros sociales*

Los parámetros que la sociedad impone son el producto de lo que cada individuo siente, piensa y actúa. La suma de cada individuo forma la sociedad en que vivimos.

El paradigma actual está basado en el consumo. Si el consumo se aminora, la sociedad colapsa. Para que cada persona pueda consumir, en principio, tiene que producir, generar recursos, y esto requiere dinero.

Cada vez somos más seres humanos en el planeta; cada vez pareciera ser más necesario que cada ser humano consuma, para que, de alguna manera, todo se sostenga. Pero la necesidad de "tener" se sobreestimula, porque si las personas no sintieran que tienen que tener cada vez más cosas, no habría el suficiente consumo.

El paradigma real es que "se es" a partir de "tener": esto forma parte del inconsciente colectivo y es lo que da seguridad. Si el valor máximo de la sociedad es el "tener", y se valora a aquellos que se visten de tal forma, que tienen cierta marca de auto y el último modelo de PC o celular, todos quieren tener "eso", para sentir que pueden y, además, ser aceptado por los otros.

Pero sucede que para que eso ocurra, el esfuerzo que hay que hacer es muy grande. Esto agota, estresa, puesto que se hace más de lo que humanamente es posible. Para citar un ejemplo, imaginemos a una persona que tiene hijos en edad escolar, y éstos quieren el celular que todos tienen, las zapatillas que todos tienen y la ropa que todos tienen. ¡Qué esfuerzo tendría que hacer ese padre para dar ese gusto a sus hijos, y qué poca fortaleza para explicarles y mostrarles la futilidad de todo aquello! Parece que es más fácil decir que sí y pasar el día trabajando y pensando en cómo generar los recursos para esas supuestas "necesidades".

Debido a la contaminación ambiental, a la falta de movimiento, al exceso de trabajo y de cargas electromagnéticas y electrostáticas, al cambio climático, a la cantidad de química que se respira e ingiere, a una mente que nunca se detiene, que piensa y piensa, el ser humano está debilitado, su sistema nervioso es frágil. Si esto es así, la necesidad de "ser" reconocida, aceptada y valorada es mucho mayor para la persona.

No se trabaja ni se lleva a cabo la tarea por una actitud de amor, de hacer bien lo que se quiere hacer, de vivir ordenadamente. Al contrario, se hace la tarea, en general, buscando ese reconocimiento, esa valoración y, además, por la sola necesidad económica.

Claro que uno necesita el dinero para vivir y que éste es necesario para poder funcionar en el día a día, para estar tranquilo y relajado, pero sucede que es el único motor –o casi único– que mueve a las personas. En aras del dinero, se aceptan formas de trabajar y formas de vincularse que van en detrimento de la propia integridad, e incluso de la dignidad de "ser humano".

Con tal de no perder la estructura conocida, de no perder el empleo, de no perder algo de lo adquirido, se minimiza la propia humanidad y la de los que a uno lo rodean. No se entiende que cuando las cosas se hacen a partir de un orden ético, moral, si se pone afecto, atención y amor en lo que se hace, la vida se encarga de darnos lo que necesitamos.

Se busca el "eficientismo" a ultranza; cada vez somos más exigentes. Debido a que hay tanta competencia, se busca "ser más" que el otro, "hacer mejor" que el otro. Ese nivel de exigencia endurece, rigidiza, debilita y estresa.

Otra cuestión es que también perdemos fortaleza debido a la comodidad y al confort.

No es que no tengamos que estar cómodos o tener confort, pero sería bueno que nos cuestionemos, que indaguemos dentro de cada uno, cómo es que tener más cosas, más confort, más comodidad, nos quita soltura y fortaleza interna. Ese logro en el confort y la comodidad nos genera el temor a perderlos. Vivimos con miedo de perder lo logrado, sin confianza en los procesos de la vida y en nuestras propias capacidades. Esto también estresa.

Otro factor generador de tensión es vivir apurado, tratando de realizar todo en un tiempo diferente al que le es propio a la estructura humana.

No estamos hablando de hacer las cosas lentamente, sino de hacerlas en un tiempo "justo", tal como lo dice Carl Honoré, en su libro *Elogio de la lentitud*.

Hoy el exceso de velocidad en el quehacer cotidiano afecta nuestra salud. De hecho, ya en algunos lugares del mundo, aparecen movimientos, como el *"Slow Life"*, que promueven la posibilidad de hacer las cosas de otra forma, con otro tiempo. Es así que, en ciertos países de Europa, se está tratando la importancia de trabajar menos horas, reducir las jornadas de trabajo, de hacer actividades que impliquen fortalecer el cuerpo, serenar la mente, porque han entendido que de esta forma se logra más eficiencia.

Al mismo tiempo, cada vez hay más personas que practican yoga y meditación. Muchas mujeres, que vivían estresadas por sus actividades, dedican más tiempo a realizar tareas relacionadas con la jardinería, el tejido, la cocina, etcétera. Y muchos hombres que vivían estresados dedican su tiempo a la carpintería, la actividad física, la jardinería o el huerto.

- *El no concretar el anhelo del corazón*

Podemos comer de la mejor manera, hacer la actividad física adecuada, estar en contacto con la naturaleza y evitar la contaminación externa, pero si no se realiza el anhelo del corazón, uno igual vive estresado, hay en uno un descontento.

Si la persona trabaja en un banco y quiere ser violinista; si vive en el campo y quiere vivir en la ciudad, o viceversa; si trabaja de médico, pero quiere ser alpinista; si está con su marido o esposa y anhela a otro u otra; en fin… Y tantos otros ejemplos más podríamos dar… Si esta contradicción existe, hay tristeza, tensión, frustración.

Todo esto refiriéndonos a situaciones sensatas, no hablamos de la frustración que siente el que no puede ser millonario o el que anhela vivir sin trabajar o abandonar los hijos en pos de su proyecto personal. Nos referimos a aquello que no se concreta en cuanto a la tarea que uno quiere realizar, al lugar donde uno quiere vivir, a la persona con la cual uno quiere compartir la vida.

Si se vive con la sensación de plenitud o alegría que da el hecho de estar en donde uno quiere, hacer lo que a uno le gusta y estar con la persona que desea, las posibilidades de estrés son mucho menores.

- *No tener espacios de tiempo de silencio, de soledad*

Vivimos demasiado agitados, siempre haciendo, siempre hablando con otros, excediéndonos en nuestra vida social, mirando televisión o películas..., y poco es el tiempo para la introspección, para verse uno mismo, para estar en contacto con la vida interior, para cuestionarse, para preguntarse acerca de uno mismo, cómo quiere vivir, que se espera de sí mismo, de la vida, si es dependiente o no de los afectos, de los vínculos, del trabajo.

Poco es el tiempo para hacer nada. Nadie le da valor a ese hecho: "el no hacer". Quedarse mirando el fuego, el cielo, una nube, una planta, un árbol, no se hace jamás. Pareciera ser que si uno se dedica a eso, es tonto, no es productivo, no está a tono con la época, es de otro siglo o de otro mundo.

Alimentación para el cuerpo y el alma

No se comprende que cuando hay un "no hacer" activo, vivo, vital, es mucho lo que se está haciendo. En primer lugar, se regeneran las neuronas, en ese descanso de la mente y el cuerpo, surge un enorme *quantum* de energía, todo se restablece. El verdadero descanso es silenciar la mente y aquietar el cuerpo. A veces, el cuerpo queda quieto, pero la mente sigue y sigue activa.

Darse el espacio para contemplar la naturaleza, los objetos, mirarse internamente, percibiendo los pensamientos, desmecanizándolos, comprendiéndolos: esto da fuerza, vitalidad, y es uno de los principios fundamentales para vivir sin estrés.

¿Cuáles son las herramientas básicas para vivir sin estrés?

✓ *La alimentación*

Existen alimentos que excitan el sistema nervioso y otros que ayudan a serenar la mente. También el vínculo que uno tiene con la comida actúa de tal forma que estresa o serena.

Si se es compulsivo, si no hay un orden, si no se piensa en lo que se va comer, es decir, si no hay una forma consciente y responsable de alimentarse, la mente se embota e intoxica.

Pero cuando hay una actitud consciente y responsable de lo que se ingiere, sabiendo que lo que comemos hace a la calidad de la sangre, los órganos del cuerpo se equilibran y, fundamentalmente, la mente se torna perceptiva, sensible, aguda, sin desbordes emocionales. El estrés que invade nuestra vida cotidiana está íntimamente relacionado con la comida que ingerimos y el desorden que, tal vez, esa comida nos genera. Desayunar con café o hierba mate, alguna galletita, algo dulce elaborado con azúcar blanca o productos *diet* puede excitar el sistema nervioso y desvitalizar el organismo. Después, es común que las personas almuercen, por ejemplo, una tarta de verduras, hecha con masa no elaborada artesanalmente y calentada en el microondas y una gaseosa o bebida artificial; quizá, otra opción es comer fruta y algún yogur de marca que contiene productos químicos o, simplemente, consumen carne o pollo periódicamente, que contienen exceso de grasa, y, además de esto, también se alimentan diariamente con leche, quesos y alimentos que contienen aceites hidrogenados.

Esta forma de comer sobrecarga la función hepática, implica un trabajo extra para los sistemas circulatorio y digestivo y para todas las funciones corporales. El organismo tiene que hacer un gran esfuerzo para lograr contrarrestar este tipo de alimentos y, luego, se carece de la energía necesaria para dar respuestas a los diferentes desafíos del vivir.

Un *buen desayuno* sería, por ejemplo, té verde o té de hierbas –diente de león, marcela, bancha–, alguna tostada de pan integral de buena calidad, artesanal, preparado con ingredientes saludables (harinas orgánicas), quizá, una fruta apropiada de estación, pero no en exceso, porque el consumo excesivo quita vitalidad por la cantidad de azúcar que la fruta contiene, especialmente en invierno. Durante el invierno necesitamos alimentos que nos den calor y en el verano alimentos que enfríen.

A este desayuno le podemos agregar compota de manzanas, en el caso que los días sean templados y cálidos. Si son fríos, una pastita de zapallo o zanahoria o paté de lentejas o garbanzos. La idea es buscar lo que ofrezca más calor en invierno y lo que dé más frescor en verano.

Otra posibilidad de desayuno, en invierno, es una sopa de verduras con arroz integral o avena cocida, con gotas de jugo de jengibre y media cucharadita de miso, que es el fermento del poroto de soja, dejado en reposo durante años con el grano de arroz o cebada, el cual tiene un poder revitalizante y desintoxicante muy importante. Luego, un té de hierbas. Este tipo de desayuno implica energía para todo el día.

En verano, otra alternativa para el desayuno es pan integral con compota de manzana y un jugo de zanahoria, manzana verde y jengibre.

Un *buen almuerzo* implica consumir cereal integral (arroz, trigo, cebada, mijo, pasta de harina integral); luego, una proteína (huevo orgánico, guiso de garbanzos o lentejas o poroto aduki, si es otoño-invierno, y si es primavera-verano, una ensalada de dichas legumbres). Las verduras son fundamentales y hay que adicionarlas, si el clima es frío o fresco, más cocidas que crudas, y si es templado o caluroso, mejor que sean crudas antes que cocidas. Esto es así porque en invierno necesitamos calor (alimentos cocidos) y en verano, refrescarnos (alimentos crudos).

Por la tarde, para *evitar la hipoglucemia* que se genera en ese momento, se puede ingerir algún alimento dulce, que no signifique el uso de azúcar o harinas refinadas. Se debe evitar el café, la hierba mate o el té negro, ya que hemos dicho que excitan el sistema nervioso e impiden el buen descanso por la noche.

Lo ideal sería consumir alguna fruta cocida –manzana o pera, que ayudan a fijar el calcio– o una tostada de pan integral o de harina de maíz con jalea de membrillo sin agregado de azúcar. En el mercado, se venden dulces artesanales, endulzados con fructuosa. Esto se puede acompañar con té de hierbas, como lavanda, anís, cedrón, melisa, canela o manzanilla; estas hierbas ayudan a serenar la mente y el cuerpo, por eso son apropiadas para la tarde, porque promueven la posibilidad de relajación.

Para una *buena cena*, es aconsejable una comida tranquila, frugal, de manera que se logre evitar la sobrecarga del organismo.

La noche es el momento en que se producen los procesos de desintoxicación, por eso es importante comer liviano, porque no tenemos la capacidad de eliminación que se tiene durante el día, entonces, hay que tratar de comer poco antes de ir a dormir.

Cuando se come liviano de noche, uno se levanta con más energía y vitalidad, tiene más apetito y toma un buen desayuno, que le permita una energía genuina durante el día.

Así, es bueno ingerir sopa de verduras (zapallo, zanahoria, cebolla, puerro); aunque en verano, solamente licuada o un caldo preparado con verduras. En invierno, a estas mismas sopas conviene agregarles avena, germen de trigo o harina de maíz, para que den aún más calor.

Además de la sopa, se puede consumir un poco de cereal (arroz, fideos o mijo) y verduras cocidas, preparadas con aceite de oliva de primera presión en frío. Y sumarle un té de hierbas, similares a los de la tarde.

Comiendo de esta manera, lo más parecido posible, uno puede encontrar una sensación interna de tranquilidad y ganas de vivir. Hay que intentar prescindir de los productos artificiales, químicos, aquellos industrializados, excitantes del sistema nervioso –café, mate, té negro, alcohol, azúcar y carnes– y evitar el consumo de lácteos industrializados, así como de productos envasados y empaquetados.

Es importante tener en cuenta que, diariamente, se deben ingerir cereales integrales, proteínas y verduras. En invierno, más proteínas que en verano.

✓ *El acercamiento a la naturaleza: aire, tierra, agua, sol, fuego*

La naturaleza en sí es una fuente de energía. Estar cerca de ella, recibiendo los influjos de todos sus elementos y ser consciente de ello, impide que una persona se altere; por el contrario, le da la posibilidad de relajarse.

Cuando una persona está contraída y tensa, no tiene energía, ésta no circula libremente. Al revés, si se relaja, la energía fluye y no hay cabida para el estrés. El contacto con la naturaleza distiende.

Aunque se viva en una ciudad, es posible el acercamiento a la naturaleza, sea trabajando con plantas –no necesariamente sobre el césped, sino en alguna maceta–, sea en alguna plaza buscando contacto con los árboles o, simplemente, estando atento a las estaciones y al comportamiento del sol, las flores, las estrellas, uno mismo...

Es ideal que se busque respirar aire puro, aunque sea los fines de semana, en lugar de permanecer encerrado en un departamento, un cine o un *shopping*. El aire puro desintoxica el cuerpo y la mente.

También es saludable caminar descalzo por el césped o la tierra, así como tratar de tomar baños de arcilla: cada tanto, impregnarse de tierra humedecida y aplicarla en todo el cuerpo, incluso el rostro, especialmente los órganos del aparato digestivo, evitándola en la zona del corazón. La arcilla, es decir, la tierra, actúa aportando al organismo una cantidad de minerales que seguramente éste necesita y también ayuda a extraer toxinas.

El agua, especialmente en verano, de río, mar, arroyo o de una piscina ecológica, o sea, no tratada con químicos, y en invierno, en una bañera a la que se le agreguen gotas de aceites esenciales o pétalos de rosa, ayuda a energizar, relajar y otorga vitalidad.

Para el contacto con el fuego, en verano, podemos tomar baños de sol en los horarios en que éste no esté tan fuerte, esto es, a la mañana temprano o antes del atardecer; cuidándonos de que no se extiendan por más de una hora (sabemos sobre el efecto dañino que el sol genera hoy en toda la naturaleza y en nosotros mismos). En cambio, en invierno, el contacto con el fuego se realiza a través de los leños de un hogar y mediante comidas que implican una mayor cocción; cocinar aunque sea alguna de las comidas que uno come, armoniza la mente y el cuerpo.

✓ *La actividad física*

La Universidad de Harvard destinó una importante suma de dinero a la investigación acera de lo que el ser humano necesita para sentirse saludable. Se llegó a la conclusión de que lo básico, lo primario, colocado en la base de lo que se llama "pirámide nutricional", es movilizar el cuerpo y realizar una actividad física diariamente. Justamente, si no hay movimiento nada se activa, todo permanece dormido, no hay fortaleza ni vigor.

Hay que caminar, por lo menos, treinta cuadras todos los días; realizar algún deporte suave, no competitivo, para que no implique un mayor estrés, ya que en la competencia se segrega una enorme cantidad de adrenalina; el baile, el yoga y el *tai chi* actúan en el mismo sentido.

Las investigaciones demuestran que toda enfermedad que afecta al sistema nervioso es resoluble a partir de una actividad física intensa y cotidiana.

✓ *Los ejercicios respiratorios*

Una buena respiración nutre el sistema nervioso. Sabiendo respirar bien y realizando cotidianamente unos minutos de ejercicios respiratorios: la mente se serena; el sistema nervioso autónomo, que se encarga de las funciones involuntarias del cuerpo, actúa equilibradamente, permitiendo que todos los órganos funcionen adecuadamente; la sangre circula; la energía se mueve y, al exhalar profundamente, se produce una liberación de energía estancada y sobrecargas, tanto físicas como psicológicas.

Saber respirar bien significa: sentir que el aire pasa por la parte alta clavicular, media estomacal, baja abdominal y pélvica. Esto significa que se siente cuando el aire pasa por todos los segmentos y que esas zonas están vivas, no adormecidas ni bloqueadas.

Respirar es símbolo de vida. Sucede que muchas personas respiran y parece que no lo hacen. Si alguien los ve respirar, su respiración es imperceptible, lo cual significa que falta fuerza, vigor. Es necesario aprender a respirar, pero no con esfuerzo, sino que las partes del cuerpo por donde el aire pasa se muevan, se expandan en la inhalación y se contraigan en la exhalación.

Saber respirar bien significa, también, saber llevar el aire lo más abajo posible, hasta los genitales. Bajar la respiración es bajar la energía acumulada en la parte alta del cuerpo que, en general, es lo que nos ocurre, porque pensamos demasiado y tenemos sobreacumulación, especialmente en la zona de la cabeza y la parte alta del tórax, en la zona del corazón.

Saber respirar bien significa, también, aprender a exhalar durante más tiempo que el que se inhala. Comúnmente, las personas tienen más capacidad de inhalar que de exhalar, debido al exceso de estímulos visuales y auditivos; la mayoría de nosotros tenemos mayor capacidad de recepción que de emisión.

Si se aprende a exhalar pausado, sin esfuerzo, casi en el doble de tiempo del que utilizamos para inhalar, la descarga es mayor y, por lo tanto, es menor la acumulación de tensiones.

✓ *Los movimientos de las zonas pélvica y diafragmática*

La zona de la pelvis es el centro de gravedad de nuestro organismo, sostiene la estructura superior y es la base de la estructura inferior. La buena ubicación de esa zona, a partir de la postura, permite el correcto funcionamiento de toda la columna y, por ende, de todos los órganos de cuerpo.

"Lo que es atrás es adelante", por lo tanto, si el sacro está bien ubicado, funcionará mejor el intestino, parte del hígado y las zonas genitales. Si las lumbares están bien ubicadas, funcionará mejor el hígado, la vesícula, el estómago, el bazo, el páncreas y los riñones. Si las dorsales están bien ubicadas, funcionará mejor el corazón, los pulmones y bronquios. Si las cervicales están relajadas, funcionará mejor la tiroides y la garganta, incluso la mandíbula y toda la zona facial.

El organismo tiene puntos estratégicos, la zona de la pelvis es uno de ellos. En los momentos en que hay demasiado pensamiento, hay poca conexión con las sensaciones. La zona pélvica es el centro corporal de las sensaciones, de allí surge la sensación del orgasmo, que es la energía de descarga más importante que el ser humano tiene.

Si estamos imbuidos de pensamientos, cosa que le ocurre a la mayoría de las personas, esto ha de implicar que la zona pélvica estará contraída, adormecida, puesto que estaremos más conectados con el pensar que con los sentidos, por lo que la energía disponible para cualquier tipo de acción ha de ser menor. Por eso, esta zona necesita estar movilizada, para que fluya la vitalidad por todo el organismo.

De ahí que sea tan importante realizar ejercicios que ayuden a desbloquear (ver "Ejercicios para eliminar las sobrecargas", Boletín N.º 47, en: www.spa-lasdalias.com.ar) o movimientos que impliquen la movilización de esa zona, como danzas, ejercicios de yoga, taichi, *Chi Kung*, etcétera.

La zona del diafragma es otro de los puntos que necesita estar distendido para que exista salud y vitalidad en el organismo. Esta área es otro centro energético relacionado con las emociones. En esta parte del cuerpo acumulamos tensiones, sensaciones que tienen que ver con la ansiedad, el temor, así como también ocurre en la zona pélvica. Es fundamental trabajar esta zona, por medio de la respiración, de movimientos de torsión, de apertura. La tensión del diafragma se traduce en problemas del estómago, bazo, páncreas, el corazón y los bronquios.

✓ *Los automasajes con aceites de hierbas*

La naturaleza ofrece una cantidad de hierbas y plantas que nos ayudan a distendernos. La lavanda, por ejemplo, es el relajante por excelencia. Masajear el cuerpo antes de dormir con este aceite trabaja perfectamente en ese sentido.

Existen diferentes tipos de aceites esenciales de variadas hierbas. Al usarlos cotidianamente, sus aromas y efectos terapéuticos benefician el funcionamiento del organismo en general y el sistema nervioso en particular. Entre otros: árnica, caléndula, espino amarillo, almendra, menta, romero, eucalipto, naranja y bergamota.

Poder destinar un espacio para realizarnos automasajes en las piernas, los brazos y el tronco con esta clase de elementos aquieta y, en consecuencia, genera una sensación particular de descanso y relajación. Esto tendría que ser una práctica cotidiana.

Los automasajes, en todo el cuerpo, nos conectan con las sensaciones, permiten que los pensamientos se aquieten, entonces, uno se integra como ser humano, percibiendo que es una unidad: cuerpo-mente. Bajar al cuerpo, sentirse cuerpo, sentirse bicho es sinónimo de salud y vitalidad.

✓ *El hábitat donde uno vive*

Muchos son los elementos que se deben tener en cuenta en la vida cotidiana, en el hogar, para vivir sin estrés.

El uso de ropa de algodón, y no de poliéster, tanto en la vestimenta como en la ropa de cama, actúa beneficiando nuestra calidad de vida.

Existen almohadas de semillas, en lugar de las de goma espuma, que benefician la salud de columna vertebral, lo mismo que los colchones de algodón o látex.

También encender un hornillo con aceites esenciales de lavanda, menta, eucalipto o naranja, que sean aceites esenciales orgánicos, naturales; sus aromas permiten relajar la mente. Además, el escuchar música suave. Está comprobado que la música de Mozart actúa serenando el sistema nervioso. En este sentido, es importante moderar el uso de la radio y del televisor, muchos locutores hablan gritando, pasan las noticias dramáticamente; y toda esa energía uno la absorbe.

El mobiliario, que sea de elementos nobles, que contenga la menor cantidad posible de productos artificiales; lo mismo que el color de las paredes, que pueda ser suave, que promuevan calidez y apacigüen.

Tener en cuenta todos estos aspectos hace al funcionamiento equilibrado y armónico de un ser humano.

✓ *La meditación*

La meditación, entendida como forma de conocimiento propio, aunque no a través del pensamiento analítico, sino como manera de comprender los mecanismos de la mente y los motivos subyacentes de todo el movimiento interno, es fundamental para sentirse vital.

Meditando, uno puede darse cuenta de que no es desde el esfuerzo y la lucha que se concretan los cambios, que las formas de funcionar basadas en la medida, la comparación y la competencia generan ansiedad, estrés, miedo y violencia.

La manera de salir del estrés es descartar el esfuerzo que se hace por cambiar. Darse cuenta de que para vivir sin estrés, es decir, sin agotamiento físico y psicológico, es necesario aceptar, en forma creativa y no resignada, las situaciones que cotidianamente se le presentan a uno. Esta aceptación es el comienzo de un cambio natural, espontáneo, producto del haber hecho consciente el sustrato de aquello que nos aqueja.

Meditar es estar atento a lo que pensamos, sentimos, hacemos.

Si hay atención sin opciones, significa que no rechazamos ni le damos continuidad a lo que se expresa, es vivir sin luchar entre lo que somos y lo que intentamos ser, entre lo que sucede en nuestra vida y lo que deseamos suceda. De esa manera, no hay conflicto, y si no hay conflicto, surgen la inteligencia y creatividad para responder a las situaciones que estemos atravesando y así podremos encontrar una solución.

✓ *El estrés desaparece cuando se le da valor a las pequeñas cosas de la vida*

El estrés es el producto del agotamiento, del exceso de tensión, de contracción. Al darle valor a lo simple, lo sencillo, a limpiar la casa, a cocinar, a regar una planta, lavar los platos, mirar las estrellas en una noche templada, escuchar el canto de los pájaros, percibir todos los acontecimientos de la naturaleza, entre otras cosas, uno vive menos centrado en sí mismo. Esta actitud nos une más con la vida. Dar valor a lo simple y lo sencillo, pero no como una actitud resignada o mecánica, sino habiendo comprendido la importancia de lo pequeño como si fuera algo grande.

Para poder vivir sin estrés, es necesario estar atento y poder comprender:

- La necesidad de "tener" y de "ser reconocido, valorado".

- ¿Uno está esperando que las soluciones vengan desde afuera, de los otros?

- Entender los vínculos primarios: mama, papá y yo. Los momentos de tensión, la disconformidad y frustración, el desborde emocional, en general, son expresiones que vivimos de adultos, pero expresan nuestros conflictos primarios, que seguimos perpetuando a lo largo de nuestras vidas.

- Observar si no es uno mismo quien no deja que se

vaya el niño de siete, ocho o nueve años que espera-
ba que le dieran algo que no le han dado y, entonces,
siendo adulto, continúa esperando eso mismo, sin-
tiéndose "pobrecito" por ello.

Si todo esto ocurre en uno, no es posible madurar…

Es necesario ver, investigar, cuestionar, darse cuenta de
por qué uno se estresa, qué espera de la vida, por qué uno
se enoja, con quién se enoja, por qué uno no acepta lo que
ocurre y no termina de digerir los acontecimientos del
vivir, entonces pretende que las cosas sean como uno quiere que sean.

Esa forma de funcionar es *estar resistiendo* la vida, y
cuando hay resistencia, se está actuando como un niño
que pretende que las cosas sean como él quiere que sean.

¿Qué sería madurar? Imaginemos una fruta que madura y cae del árbol. La imagen de esto nos da la pauta.
Madurar sería estar blando, relajado, paciente, entrega-
do al fluir de la vida, sabiendo que la adversidad es parte de todo, como las tormentas y los días de sol, y que
en esa adversidad uno se fortalece; que cuando uno se siente inseguro, también eso es parte de la vida, aprender a vivir
inseguro, vulnerable; saber que la vida es algo vivo, por ende,
todo es "impermanente", todo está mutando en forma constante; estar atento a los parámetros sociales, para no
entrar en ellos y que no rijan nuestras vidas.

Cuando el estrés termina, aparece la paz interior, la
dicha sin motivo: esto es el bien más preciado de la vida.

TRATAMIENTOS EXTERNOS NATURALES CONTRA LAS DOLENCIAS COMUNES

El concepto de salud holística

Según la Organización Mundial de la Salud, la salud no es la ausencia de enfermedad, sino un estado de vitalidad y alegría de vivir.

Rüdiger Dahlke expresa, en su libro *La enfermedad como camino*, que en veinticinco años de la vida de un ser humano, existen una enfermedad grave, tal vez, una enfermedad terminal, y doscientas enfermedades que van y vienen. De esto se deduce que el ser humano lleva consigo la enfermedad como parte de la vida misma.

Carl Jung, precursor de la psicología moderna, sostenía que la enfermedad era la posibilidad que tenía el cuerpo de expresar lo que la mente no había llegado a comprender. Es decir, que la enfermedad nos hace sinceros, a través de ella podemos darnos cuenta verdaderamente de nuestro sentir profundo, hacia dónde vamos y cómo queremos vivir.

De todo esto, podemos inferir que la enfermedad forma parte de la vida de un ser humano y, quizá, hasta podemos decir que la manifestación de la enfermedad implica el comienzo de la salud; ya que, a partir de su expresión y de la conciencia de su existencia, tenemos la posibilidad de generar un cambio.

La salud es el cúmulo de varios aspectos:

1- El *aspecto químico*, o sea, todo lo que entra al torrente sanguíneo y hace a la calidad de nuestra sangre. Esto implica el alimento del día a día, si es de origen orgánico o no, si está libre de pesticidas, insecticidas y productos químicos, si es mucha o poca la cantidad que se ingiere, si se consumen excitantes del sistema nervioso, si hay excesos en el consumo de harinas, quesos, grasas, frutas azucaradas, productos *diet* o *light* y medicamentos. O, al revés, si se consumen alimentos frescos, orgánicos, cereales integrales, legumbres, verduras, etcétera.

También hace a la calidad de nuestra sangre todo lo que está en contacto con la piel: cosmética, indumentaria personal, ropa de cama, medicamentos en formas de cremas y ungüentos. Lo mismo ocurre con lo que entra al torrente sanguíneo a través de la respiración: la calidad del aire que inhalamos diariamente, los elementos que utilizamos para limpieza, los aromas de todo cuanto nos rodea.

Las cargas electromagnéticas de PC, los teléfonos celulares y los electrodomésticos también hacen a la calidad de nuestra sangre, así como la carga electrostática de colchones, almohadas y los plásticos.

2- La *actividad física*, es decir, la posibilidad de movimiento diario, para generar una buena activación circulatoria, el alineamiento de la columna vertebral, el equilibrio de los órganos y funciones corporales y el movimiento de la energía estancada.

3- La *comprensión de los estados psicológicos*. Haciendo conscientes los conflictos que lo aquejan a uno mismo, sin negarlos, sin justificarlos, sin el sentimiento de rechazo y sin tener autocompasión. El hecho de poder observar lo que a uno le ocurre de forma amorosa y con una actitud comprensiva y creativa.

4- El *vínculo con la Naturaleza*, o sea, sentirse parte de ella y considerarla un aliado, para poder generar salud y bienestar.

A continuación, nos referiremos a este tema en particular por ser parte fundamental de la salud humana.

La Naturaleza como fuente curativa

Es común que la mayoría de las personas, ante la presencia de diferentes dolencias, recurran a la medicación y, en determinados casos, además, a la intervención quirúrgica.

De este modo, ante la aparición de un dolor de cabeza, se recurre al analgésico; si se sufre una contractura, se toma un antiinflamatorio; si se desata una hemorragia femenina o si aparecen problemas en la menopausia, se utilizan hormonas; si se padece una infección, se compra un antibiótico; si se tiene el colesterol alto o hipertensión, se debe tomar la pastilla que regula el colesterol o el antihipertensivo, y así podemos ejemplificar con muchas otras dolencias. También es común la extirpación del apéndice, la ci-

Alimentación para el cuerpo y el alma

rugía por las hemorroides, várices, la remoción del útero, la eliminación quirúrgica de quistes, amígdalas, etcétera.

Dentro de la Naturaleza, están los resortes para permitir que toda enfermedad, toda dolencia y todo desequilibrio puedan resolverse, obviamente, dependiendo de la actitud y confianza de la persona en cuestión y de si esa persona es asesorada por un profesional que tenga conocimientos al respecto, por lo menos, durante un tiempo, hasta que la persona pueda tener la suficiente información como para poder ser lo más independiente posible.

Es habitual que la medicación y las intervenciones quirúrgicas bajen el nivel de defensas del sistema inmunológico, debilitando y generando, posteriormente, nuevos desequilibrios.

En cambio, la persona que recurre a las fuentes naturales para la prevención y resolución de sus problemáticas, se fortalece, su nivel de defensas y su autoestima suben, ya que ella misma ha sido artífice de su salud.

Elementos básicos de la Naturaleza

El agua, la tierra, el aire, el fuego, los vegetales y las hierbas son nuestros aliados; elementos que la Naturaleza nos ofrece y que actúan para facilitar nuestro bienestar.

Parte de la deshumanización que se vive hoy en el planeta Tierra tiene que ver con el alejamiento del ser humano de las fuentes naturales de la vida. Tanta química y plástico en contacto con el ser humano actual, tanta carga electromagnética y electrostática, terminan por quitar "humanidad".

Nuestra esencia biológica natural es agua, tierra, oxígeno, carbono, magnesio, zinc, hierro, calcio, nitrógeno, etcétera. De todo esto, cada vez tenemos menos en forma natural y más en forma artificial.

En la medida que el ser humano retorne a la Naturaleza, comprendiendo sus ciclos, utilizando sus frutos –tal como llegan de la tierra–, y se conecte con los elementos esenciales (agua, tierra, aire, fuego, plantas), y éstos formen parte de su vida y sean sus aliados para tener bienestar, este mismo ser humano va a dejar de ser sólo pensamiento mecánico, mercantilismo, materialización.

Esa persona podrá convertirse en lo que verdaderamente significa ser "humano": aquel que está integrado en sus funciones primarias, sensitivas y sus funciones y capacidades reflexivas, racionales; aquel que está conectado con sus sensaciones, su sensualidad, que puede ver al otro solidariamente y sentir por él.

Algunos tratamientos naturales para las dolencias

Según nuestra experiencia, los tratamientos que proponemos sirven para ayudarse en caso de la aparición de determinadas dolencias. (*Aclaración*: todos los casos en que aparece un asterisco [★] se especifican más adelante, en "Explicaciones de los tratamientos y uso de las hierbas medicinales").

Alimentación para el cuerpo y el alma

Estos tratamientos son válidos en un contexto de alimentación equilibrada, que no contenga químicos ni exceso de grasas animales, azúcares, alcohol y harinas, y realizando actividad física habitualmente.

Cuando aparece alguna de las dolencias mencionadas aquí, siempre es aconsejable evitar los dulces, es decir, los azúcares en todas sus formas, las carnes, las frutas azucaradas, el alcohol y café, la hierba mate, los lácteos y las harinas. Sí es recomendable llevar una dieta, por ejemplo, basada en el consumo de arroz integral o mijo, con verduras del tipo de las zanahorias, nabo, cebolla, cebollita de verdeo y zapallo, por lo menos, hasta que los síntomas más agudos desaparezcan.

Si la sintomatología continúa, es importante recibir los consejos de algún profesional que vea la salud desde una perspectiva de integración con la Naturaleza.

- *Artrosis, artritis, reuma* (dolores). Compresas de jengibre★ en la zona afectada. Si hubiera dolor en las manos, introducirlas en una olla caliente con jengibre★. Consumir té de llantén★; té bancha★; té de jengibre★. Consumir palta con moderación.

- *Bronquios inflamados*. Realizar emplasto de mostaza★. En la zona del pecho, aplicarlo dos veces al día durante una hora. Consumir té de llantén★; té de bancha con *umeboshi*, jengibre, salsa de soja★; té de regaliz★.

- *Calambres estomacales, acidez estomacal, cólicos biliares.* Consumir una ciruela *umeboshi*★. Aplicar compresas de jengibre★ en la zona estomacal. Consumir aloe vera★ antes de cada comida; té de marcela, matico, regaliz. Ejercicios respiratorios.

- *Cálculos en los riñones.* Aplicar compresas de jengibre★ en la zona afectada. Consumir té de semillas habú, con poroto aduki y cola de caballo★.

- *Cistitis.* Realizar baños de asiento con sal marina o sal gruesa, o malva y manzanilla★, la sal gruesa es especialmente beneficiosa. Aplicar bolsa caliente de arena o maíz★. Realizar ejercicios de movimiento y apertura de pelvis y ejercicios abdominales. (Ver *Formas saludables de vida*, capítulo "Ejercicios para eliminar las sobrecargas"). Consumir té de bardana, regaliz, un puñado de arándanos frescos o secos; té de habú, aduki y cola de caballo★.

- *Constipación.* Consumir té de doradilla★ o de habú crudo★. Incorporar fibra a la alimentación: cereales integrales, como el arroz integral, verduras y frutas. Evitar las harinas blancas, los quesos, limón, banana y membrillo.

- *Derrames o moretones.* Frotar con rodajas de nabo la zona afectada.

- *Diarrea.* Consumir té bancha o de habú tostado con marcela. Evitar la ingesta de fibras. Lo ideal es el ayuno líquido, consumiendo sólo un caldo de verdura hasta que el síntoma desaparezca.

- *Dolor de cabeza.* Aplicar aceite esencial de menta en las sienes. Tomar té de menta★; té rojo★. Ducharse con agua fría; tomar un baño de inmersión en agua tibia introduciendo todo el cuerpo en la bañera, prepararlo con esencia de menta o sal marina, si fuera posible, bañarse en un arroyo, pileta, río o en el mar.

- *Dolor de ciático.* Realizar ejercicios de estiramiento de piernas y sacro diariamente. Hacerse un baño de agua fría en la bañera por uno o dos minutos, seguido de una ducha de agua caliente y, finalmente, aplicar calor seco con una bolsa de arena caliente o maíz caliente★. Alternar aplicaciones frías y calientes.

- *Dolor de garganta.* Realizar gárgaras dc agua, lo más caliente posible, con sal marina, cada tres horas. Colocar un emplasto de cebollita de verdeo con harina★, dejándolo actuar tres o cuatro horas. Consumir té de llantén; té bancha, con ciruela *umeboshi* y jengibre★.

- *Dolor de muela y flemones.* Realizar buches de agua caliente y sal marina, o también puede ser de agua caliente con jengibre fresco rayado o de agua de Ratania de Weleda. Colocar externamente un emplasto de cebollita de verdeo, con jengibre y harina★, sobre la mejilla que está en contacto con la muela afectada. Colocar una hoja de llantén sobre la muela, previamente pasada por la llama de la hornalla, mantenerlas en contacto. Dejar un trozo de aloe vera★ en contacto con el flemón. Colocar una ciruela *umeboshi* sobre la muela. Tomar té de bardana★ tres o cuatro veces por día.

- *Dolor de oídos.* Introducir gotas de agua oxigenada en la zona; también puede ser gotas de jugo de jengibre o de limón diluido en agua.

- *Encías sangrantes.* Usar dentie★, frotándolo por las encías, luego, cepillarlas bien para desinflamar. Hacerse buches con agua dentífrica de Ratania de Weleda.

- *Erupciones en la piel.* Cortar nabo o papa en rodajas y pasar por la zona afectada, varias veces al día. En general, las erupciones de la piel obedecen a descargas renales y hepáticas, por lo que se aconseja consumir: té de semillas de habú★; té de carqueja★; té de diente de león★; té de cardo mariano★; té de semillas de habú con poroto aduki y cola de caballo★. Ayunar con caldo de verduras y arroz integral con verduras, hasta que los síntomas desaparezcan.

- *Esguinces.* Aplicar, en primer lugar, emplasto de queso de soja★ o hielo, para evitar la hinchazón; luego, compresas de jengibre. Aplicar arcilla★ diariamente, aceite de árnica, y permanecer con la pierna levantada. Consumir té de canchalagua★; té de ortiga★; té de jengibre fresco★.

- *Fibromas y quistes de ovarios.* Aplicar compresas de jengibre★; compresas de repollo con zanahoria★; emplastos de arcilla★. Realizar baños de asiento con salvia o sal gruesa o manzanilla y hojas de nabo★. Consumir té de llantén★.

- *Fiebre.* Colocar hojas verdes sobre la frente (acelga, repollo o acuzai). Realizar un baño de inmersión en agua que esté a una temperatura más baja que la del cuerpo. Tomar jugo de manzana verde★. En caso de fiebre muy alta, aplicar emplasto de queso de soja★ en la frente.

- *Hemorragia nasal.* Colocar a la persona con la cabeza inclinada, embeber un paño en agua fría salada y con éste introducir gotas en ambas fosas nasales.

- *Hemorragia uterina.* Aplicación de compresas de arcilla en la zona del vientre★. Consumir un trozo de cabello carbonizado masculino. Una vez que cese la hemorragia, aplicar en la zona abdominal repollo con zanahoria rallada★.

- *Hemorroides.* Hacerse baños de asiento con agua fría★ tres veces al día, durante dos minutos. Aplicar aloe vera★ en la zona del ano. Consumir té de canchalagua; té de ortiga★; té de jengibre.

- *Heridas cutáneas leves.* Aplicación de sal gruesa para evitar la hemorragia. Usar agua oxigenada. Aplicar aloe vera★ en la zona afectada. Té de bardana★ para evitar la infección.

- *Hígado inflamado.* Aplicar compresas de arcilla★ en la zona del hígado. Consumir té de carqueja★; cardo mariano★; diente de león★. Consumir aloe vera antes de cada comida. Hacer ayuno líquido.

- *Hipertensión.* Consumir té de semillas de habú crudo★; té de olivo★; té de hongo *shiitake★*. Preparar un jugo de zanahoria y nabo en una juguera. Eliminar los alimentos grasos, azucarados y salados, el alcohol y la cafeína.

- *Hongos inguinales.* Aplicar emplasto de cebollita de verdeo en la zona afectada★. Consumir té de artemisia★.

- *Hongos en las uñas de manos o pies.* Aplicación de propóleo líquido en la zona afectada. Consumir té de artemisia★. Evitar los alimentos azucarados y fermentados (alcohol, picles, chucrut, salsa de soja, miso) y los lácteos.

- *Hongo tiña, por contagio de gato.* Aplicar arroz integral cocido en la zona afectada hasta que desaparezca. Consumir té de bancha★; té de artemisia★.

- *Hongos vaginales.* Hacerse baños de asiento con sal gruesa★; baños de asiento con salvia de la puna★. Realizar lavajes vaginales con infusión de artemisia★. Introducirse un tampón hecho con una gasa y embebido en yogur natural, o un tampón de gasa embebido en aceite de germen de trigo o de sésamo y artemisia carbonizada★. Introducirse un ajo envuelto en una gasa embebida en aceite de sésamo o germen de trigo. Consumir té de llantén★; té de regaliz★; té de bardana★. Evitar las harinas, los azúcares, lácteos y alimentos fermentados.

- *Inflamación de ovarios.* Aplicar compresas de jengibre★ en la zona afectada. Hacerse baños de asiento con salvia, malva, manzanilla o sal★.

- *Panadizos.* Preparar dos recipientes, uno con agua bien fría y otro con agua bien caliente. Colocar el dedo en cada recipiente alternadamente, por lo menos, durante veinte minutos, dos veces al día.

- *Próstata inflamada.* Aplicar agua fría todos los días en la zona afectada. Consumir diariamente semillas de zapallo sin cáscara. Té de llantén.

- *Resfríos.* Consumir té de bancha con jengibre, *umeboshi* y salsa de soja★; té de jengibre. Hacer inhalaciones de vapor de agua★ o de vapor de agua con hojas de eucalipto★.

- *Rinitis alérgica.* Masticar un trozo pequeño de jengibre fresco. Consumir té de jengibre★; té de canchalagua. Hacerse baños de inmersión en agua con esencia de menta y eucaliptos★. Darse una ducha con agua caliente y terminarla con un "golpe" de agua fría.

- *Estrés, nerviosismo, insomnio.* Hacerse baños de inmersión con sal gruesa o pétalos de rosa secos o infusión de lavanda, romero, menta, manzanilla y laurel★. Tratar de recibir el efecto del agua de un arroyo, río o del mar. Caminar descalzo sobre el césped, temprano por la mañana. Consumir té de *shitake* con cedrón★ antes de dormir, o también puede ser una mezcla de tilo, pasionaria y valeriana.

- *Tos.* Aplicar compresas de mostaza en la zona de los bronquios★. Tomar té de loto con jengibre★. Hacerse gárgaras nocturnas de agua y sal.

- *Várices y dolor de piernas.* Llevar las piernas a una posición más alta que la cabeza. Realizarse frotaciones con gel de hamamelis. Aplicar periódicamente arcilla★. Colocar las rodillas debajo del chorro de agua fría antes de acostarse. Andar en bicicleta móvil o fija todos los días. Consumir té de ortiga, canchalagua, hamamelis.

- *Vómitos.* Realizar un ayuno, consumiendo solamente té de marcela★, beberlo de a sorbos pequeños. Practicar ejercicios respiratorios.

- *Verrugas.* Aplicar cebada perlada, previamente masticada, en la zona afectada, durante un tiempo prolongado hasta que vayan desapareciendo las verrugas.

★ **Explicaciones de los tratamientos y uso de las hierbas medicinales**

El agua

Es un elemento de gran ayuda para resolver y prevenir diferentes dolencias, actúa como antiinflamatorio, activador de la circulación, aquietando la mente, también energizando y dando potencia.

Baño de asiento con agua caliente

Se calienta el agua en una olla con 7 ú 8 litros, aproximadamente, a la que se le introduce, dependiendo de la circunstancia, malva, manzanilla, salvia, hojas de nabo u otras hierbas. Se deja hervir entre 10 y 15 minutos.

En un fuentón, que tenga el suficiente tamaño como para poder introducir la parte baja del cuerpo, de la cintura a las ingles, dejando las piernas por fuera, se coloca el agua hervida y, con agua fría, se lleva a una temperatura lo más caliente posible, pero aceptable para el cuerpo. El baño debe durar, por lo menos, entre 15 y 20 minutos. Conviene acostarse luego de realizarlo o permanecer relajado. Es ideal hacerlo a la noche.

Para infecciones en la parte baja del cuerpo, es ideal el uso de sal gruesa o sal marina. La salvia también actúa como antibiótico natural. La manzanilla y la malva son una buena combinación en caso de inflamaciones y cistitis. Las hojas de nabo son buenas si se tiene quistes o fibromas.

Baño de asiento con agua fría

Se debe realizar en una palangana o un fuentón, que pueda introducirse la parte baja del cuerpo, de la cintura a las ingles, o también en el bidé, siempre tratando de que el agua esté en contacto con la zona afectada. Se permanece unos pocos minutos. Es especial para tratar las hemorroides y dar fuerza y energía a la zona pélvica.

Baño de inmersión con hierbas y agua caliente

Los baños de inmersión generan una posibilidad de descarga de tensiones y acumulaciones en general. Son muy recomendables en situaciones de estrés, depresión, nerviosismo, insomnio, ataque de pánico y exceso de ansiedad.

Si se utiliza sal marina, pétalos de rosa, tomillo, menta, laurel o esencias aromáticas, se contribuye a potenciar la posibilidad de descarga, ya que absorben la carga electromagnética y electrostática que el organismo acumula. Si usa sal o pétalos de rosa, se introducen directamente dentro de la bañera con agua caliente. En el caso de los aceites esenciales (lavanda, menta, romero), se introducen unas 10 gotas de cada aceite en la bañera. Pero si usa hierbas, en hebras, primero se hace una infusión de laurel, menta, lavanda, romero, manzanilla, salvia y un trozo de jengibre fresco rallado o cortado chiquito, en 1 litro de agua. Se cuela y luego se introduce en la bañera. Se reposa durante 15 ó 20 minutos. Esta preparación aquieta y, a la vez, actúa como energizante.

Suele ocurrir que a partir del baño de inmersión se llega a un estado de gran relajación. Justamente, este extremo de relajación es lo que ha de permitir, al día siguiente, tener una gran energía, auténtica. Aunque si no se llega a una relajación profunda, difícilmente advenga energía posterior.

Baño de inmersión caliente con menta y eucaliptos (para la rinitis)

Se llena la bañera con agua bien caliente y se agregan unas 10 ó 15 gotas de aceite esencial de menta y la misma cantidad de aceite de eucalipto. Ambos aceites actúan abriendo los bronquios y desinflamando las mucosas nasales.

Vapor de agua y eucaliptos

Se hierve agua en una cacerola, se le puede agregar sal marina u hojas de eucalipto. Con el rostro lo más cerca posible del vapor, tapándose con una toalla grande la cabeza, para evitar que el vapor se disperse, se trata de permanecer durante unos minutos; lo importante es inhalar ese vapor.

Aloe vera

El aloe vera es un aliado fundamental de la salud, día a día se le encuentran nuevas propiedades medicinales. Puede ser colocado directamente sobre la piel o también se puede ingerir. Para heridas, se toma una penca de aloe, se le corta la parte de la cáscara gruesa y se utiliza la parte interna gelatinosa. Se debe colocar un trozo directamente sobre la piel; lo mismo para los flemones dentales. Se cambia el trozo de aloe aproximadamente cada 2 horas. También es bueno consumirla para paliar los síntomas de la gastritis, úlceras duodenales y problemas de vesícula e hígado.

Cebollita de verdeo

Esta planta tiene un alto poder medicinal, es un poderoso desinfectante y, a la vez, contiene mucho hierro. Equilibra la función intestinal, por eso importante que forme parte de la comida cotidiana. Actúa como antibiótico natural.

Emplasto de cebollita de verdeo, jengibre y harina

Se pica la cebollita de verdeo finamente; sobre un lienzo, se ralla un poco de jengibre fresco y todo se une con harina blanca. Se mezcla bien.

Se debe colocar la preparación sobre la zona afectada, por ejemplo, la garganta o la mejilla, en caso de infecciones molares. Para combatir los hongos inguinales, se aplica el emplasto, pero preparado sin jengibre.

El jengibre

Por un lado, actúa como activador circulatorio y, al mismo tiempo, descongestiona el hígado; además, es desinflamante, permite desinflamar los bronquios y pulmones. Por otro lado, funciona como antiséptico y antioxidante.

Se lo utiliza en tratamientos externos, consumido en forma de té o en preparaciones con verduras. No es indicado su consumo a personas hipertensas.

Compresas de jengibre

Se ralla jengibre fresco, el equivalente a 200 gramos, sobre un paño pequeño o un pañuelo chico que luego se anuda, formando una bolsita. En una olla, se calienta agua, a la que se le agrega la bolsita con el jengibre; un punto antes de la ebullición, se apaga el fuego. Se introducen dos toallas pequeñas. Después, se aplica, lo más caliente posible, una toalla sobre la zona afectada, y cuando se enfría, se introduce nuevamente en la olla y se aplica la otra toalla caliente. Se repite el proceso durante 15 ó 20 minutos.

Olla de jengibre

Se utiliza para introducir las manos si se sufre de dolores de artrosis, artritis o reuma.

En una olla, se calienta el agua y se ralla jengibre fresco, el equivalente a 150 ó 200 gramos. Se retira del fuego un poco antes de hervir, ya que el jengibre pierde su valor terapéutico en el punto de ebullición del agua. Se introducen las manos en la olla, durante 15 minutos aproximadamente.

El jengibre también puede utilizarse consumiéndolo como té o rallándolo y usando su jugo en infusiones diversas, sopas o como condimento en algunos platos. También se suele cortar como el ajo y se cocina con verduras rehogadas.

Té de jengibre

Se prepara hirviendo en agua trozos pequeños de jengibre, bien picados, durante 5 minutos; se deja reposar y se sirve.

Emplasto de mostaza

La mostaza actúa como antiinflamatorio; tiene una gran capacidad para generar calor y es ideal en caso de bronquitis.

Se mezclan partes iguales de mostaza en forma de harina con harina blanca común, se agrega algo de agua caliente, para que queden ambos ingredientes bien unidos. Se coloca la mezcla sobre un paño fino y se envuelve con éste. Es el paño el que debe apoyarse sobre la piel, a la altura de los bronquios. Se deja actuar la preparación por media hora.

Emplasto de queso de soja

El queso de soja actúa como antiinflamatorio y antifebril.

Se machaca una porción de queso de soja y se mezcla con harina blanca. Se coloca sobre un paño. La mezcla del queso de soja debe estar en contacto con la frente, en caso de fiebre alta; si es usado para algún esguince, debe estar en contacto con la piel.

Té de artemisia

La artemisia es una hierba que trabaja como antiparasitaria, antivirósica y antibacteriana. Se prepara hirviendo agua con un puñado de la hierba, se deja hervir apenas 1 ó 2 minutos. Se deja reposar y se sirve. No conviene tomar más de dos o tres tazas al día porque baja la presión sanguínea.

Esta infusión también puede usarse para lavajes vaginales, en caso de infecciones o vaginitis. Para ello, se cuela y se coloca el líquido en una pera de goma para lavajes de este tipo. Se realiza el lavaje con 1 litro de la preparación, dos veces al día.

Para el uso de *artemisia carbonizada*, para introducir un tampón de gasa en la vagina, se procede de la siguiente manera: se colocan las hojas de artemisia en una sartén, se pone sobre la hornalla con el fuego encendido. Con una cuchara, se va mezclando, hasta que las hojas queden carbonizadas. Luego, se separan las partes más duras y se forma un polvo bien fino con lo que quedó de las hojas carbonizadas. Se guarda en un recipiente de vidrio limpio. Esto se debe colocar sobre una gasa embebida en aceite de sésamo o germen de trigo para introducirlo en la vagina.

Té bancha

El bancha es una hierba que proviene de la planta de té negro, sus hojas crecen al ras del suelo, pero no contiene la cafeína que sí tiene el té común. El hecho de que esté cerca del suelo la hace muy rica en minerales. Actúa beneficiando la circulación y aportando fuerza y vigor.

Se prepara dejando hervir la hierba entre 5 y 10 minutos. Se deja reposar y se sirve. Luego, puede utilizarse unas dos o tres veces más, agregando un poco más de bancha.

Té de bancha, ciruela umeboshi, jengibre y salsa de soja

Esta mezcla actúa mejorando la calidad de la sangre, es decir, alcalinizándola, activando la circulación, desinflamando las funciones digestivas, abriendo los bronquios y pulmones, energizando.

Se hierve bancha en un recipiente, durante 15 minutos, a razón de 2 cucharadas en 1 litro de agua. Se cuela y, en una taza, se agrega una ciruela *umeboshi*, una cucharadita de jugo de jengibre fresco y unas gotas de salsa de soja orgánica.

La *umeboshi* es una ciruela que ha sido dejada en reposo con sal durante tres años. Es muy alcalinizante, elimina los ácidos del cuerpo y trabaja beneficiando las funciones corporales. Se consigue en los negocios de comida china u oriental. Aunque debido a que es muy salada, está contraindicada para personas hipertensas.

Té de bardana

La bardana es una verdura raíz, que se consigue en las casas de productos chinos u orientales; también crece naturalmente en los huertos. Tiene la capacidad de limpiar la sangre y actúa como antibiótico natural.

Para hacer el té, se corta la bardana en rodajas finas, se deja secar al aire libre y, luego, se hierve un puñado en agua, unos 5 a 10 minutos. Se deja reposar y se sirve.

Té de canchalagua

La canchalagua es un activador circulatorio; además, se indica para contrarrestar la retención de líquidos y el dolor de piernas; y trabaja en caso de sufrir alergias, como rinitis, picazón de nariz y ojos.

Se hierve agua, se agrega un puñado y se deja hervir 2 ó 3 minutos. Se apaga el fuego, se deja descansar y se sirve.

Té de carqueja

La carqueja es ideal para equilibrar la función hepática, pero aquellas personas con intestinos constipados deben abstenerse de ingerirla, ya que puede generar esta situación.

Cuando el agua hierve, se agrega un puñado de la hierba, se deja hervir 2 ó 3 minutos. Se debe dejar reposar antes de servir el té.

Té de cardo mariano

El cardo mariano es de las hierbas más efectivas para la función hepática. Se prepara de la misma forma que la carqueja.

Té de diente de león

El diente de león es un tónico para el hígado y, a la vez, trabaja beneficiando la función del corazón. Se prepara de la misma forma que la carqueja y el cardo mariano.

Té de doradilla

Actúa beneficiando la vesícula biliar; también, si la persona tiene constipación intestinal y aliviando los dolores menstruales. Se prepara como el té de diente de león.

Té de semillas de habú

Estas semillas se encuentran en negocios de productos alimenticios orientales. Vienen de dos formas: crudas o cocidas.

Las crudas actúan permitiendo la movilización del intestino en caso de constipación y, además, son buenas para bajar la hipertensión. El té se prepara con 1 cucharada de semillas en 1,5 litros de agua, se deja hervir 3 ó 4 minutos; debe reposar antes de servirse.

Las semillas tostadas (cocidas) ayudan si se presentan problemas de intestino flojo. Se cocinan de la misma forma que las crudas. La mezcla con té de marcela favorece aún más su función de ayudar a equilibrar los intestinos expandidos. Para hacerla, antes de terminar el hervor de las semillas tostadas, agregar unas hojitas de marcela, luego, apagar el fuego y dejar reposar unos minutos antes de servir.

Té de semillas de habú, poroto aduki y cola de caballo

Las tres hierbas actúan ayudando a equilibrar los riñones y la vejiga.

Se hierve, en 1,5 litros de agua, casi una cucharada de semillas de habú y la misma cantidad de poroto aduki, durante 10 minutos. Antes de que se cumpla este tiempo, mientras sigue hirviendo, se agrega cola de caballo. Se deja reposar. Si salió muy oscuro, se agrega más agua, porque este té tiene que ser de color ámbar transparente. Se pueden volver a utilizar los ingredientes unas dos o tres veces más, agregando un poco de cola de caballo. Se bebe durante el día.

Té de llantén

Esta hierba actúa eliminando las mucosidades acumuladas en mamas, ovarios, útero, próstata, y las de la zona de la garganta y los bronquios. Además, beneficia la función renal.

Primero, se hierve 1 litro de agua; después se agrega un puñado equivalente a 2 cucharadas de la hierba; se deja hervir 2 minutos y se apaga. Luego de dejar que este té repose un rato, se sirve.

Té de loto con jengibre

La raíz de loto es una planta que beneficia la función de los pulmones y bronquios. Para preparar el té, se cortan rodajas finas de raíz de loto, se hierven unas 3 rodajas en 0,25 litros de agua, durante 10 minutos. Se deja reposar y se sirve en una taza con el jugo de jengibre fresco (rallado), aproximadamente 1 cucharadita de té. La raíz de loto se consigue en las casas de productos alimenticios orientales.

Té de marcela

La marcela es una hierba que beneficia la función del estómago, por eso es ideal cuando se tiene acidez estomacal, gastritis, úlcera y diabetes.

El té se prepara colocando un puñado de la hierba en agua hirviendo, dejándola hervir por 2 minutos. Se deja reposar y se sirve.

Té de menta

La menta alivia los dolores de cabeza, es estimulante. Se prepara igual que la marcela.

Té de olivo

El olivo es un árbol cuyas hojas preparadas en infusión, igual que las demás, permiten nivelar la presión sanguínea (bajarla).

Té de ortiga

La ortiga es muy buena contra las afecciones circulatorias, especialmente las várices.

Se prepara dejando hervir la hierba durante 2 ó 3 minutos. Después se deja reposar unos minutos y se sirve.

Té de regaliz

El regaliz es una hierba que actúa elevando el sistema inmune. Por esta razón, es beneficiosa su ingesta en caso de infecciones, alergias y gastritis.

Se hierven entre 2 y 4 ramitas de regaliz en 0,25 litros de agua, durante 5 minutos. Se deja reposar y se sirve. Puede utilizarse dos o tres veces más. No es conveniente beber más de dos o tres tazas por día.

Té de hongo shitake *con cedrón*

El hongo *shitake* es otro de los aliados de la salud. Tiene la capacidad de levantar el sistema inmune, debido a ello, hoy se utiliza mucho para ayudar en el tratamiento de los enfermos de sida. Su acción terapéutica, además, tiende a bajar la tensión, la ansiedad, el colesterol, la hipertensión y el insomnio.

Se hierve el hongo, durante 5 minutos, en 0,25 litros de agua. Pero 3 minutos antes de terminar la cocción, se agregan unas hojas de cedrón. Se deja reposar y se sirve.

Té rojo

El té rojo es bueno para activar la función hepática; es muy energizante y trabaja muy bien para ayudar en caso de que se presenten dolores de cabeza.

En 1 litro de agua, se hierve una cucharada sopera de la hierba, aproximadamente, unos 5 minutos. Se deja reposar y se sirve. Esta infusión tiene menos cafeína que el té negro.

La arcilla

La arcilla ayuda a eliminar las toxinas del cuerpo y las inflamaciones. Al mismo tiempo, aporta todos lo minerales de la tierra. Hoy, en el mercado, existen diversos tipos de arcilla terapéutica y diferentes tipos de fango termal. La arcilla debe ser fina y estar bien limpia.

Para hacer las compresas, se le agrega agua tibia o fría, para formar un barro que se pueda colocar sobre la zona que se desea tratar, con un espesor, más o menos, de 1 cm. Luego, esta área se cubre con un paño o toalla; si se quiere dejar más tiempo, se envuelve la zona con un nailon tipo *film*.

Compresa de repollo con zanahoria

En caso de hemorragia, pero una vez que haya concluido, esta compresa actúa desinflamando la zona uterina.

Se utiliza una hoja de repollo y se coloca sobre ésta zanahoria rallada. Se invierte y se apoya sobre el área, porque es la zanahoria la que debe estar en contacto con la piel, tapada por la hoja de repollo. Luego, se coloca una venda por encima, que envuelva la zona, para sujetar ambas verduras.

Bolsa de arena o maíz caliente

Estas bolsas proveen calor seco. En una funda de almohada, que tenga un extremo cerrado, se coloca arena o maíz rojo, previamente calentado sobre una asadera en el horno. Al extremo de la funda que queda abierto se le hace un nudo. Se aplica lo más caliente posible sobre la zona afectada.

Es ideal si se tiene dolor de ciático o para aplicar en la zona del bajo vientre en caso de cistitis, también para ciertos dolores estructurales, por ejemplo, de espalda.

Jugo de manzana verde

La manzana verde es un antiinflamatorio y antifebril. Para hacer el jugo, se puede utilizar una procesadora de jugo. Si no se cuenta con una, se raya la manzana sobre un paño que debe ser fino o una gasa; luego, se cierra, haciendo presión, desde la parte superior hacia la inferior, para exprimir el jugo.

Agua oxigenada

Esta aplicación es ideal para el dolor de oídos. Se colocan 3 gotas de agua oxigenada de volumen 10. Primero, en uno de los oídos, y se deja reposar con la cabeza inclinada de tal manera que el oído afectado quede hacia arriba, y se espera unos minutos. Luego, se colocan las gotas en el otro oído y también se deja reposar unos minutos de la misma manera. Se repite la aplicación dos veces al día. También son efectivas las gotas de limón diluido en agua.

Dentie

El *dentie* es un preparado con berenjenas carbonizadas, que actúa, de modo muy efectivo, desinflamando las encías, sobre todo las que sangran.

Se puede comprar listo en casas de alimentos orientales. Si no, se cocinan las berenjenas con sal marina en el horno, lentamente, hasta que se vayan carbonizando; luego, se pasan por una procesadora, para que queden "tipo harina". Este preparado, que queda como si fuera un polvo de color negro, se guarda en un frasco de vidrio limpio para ser utilizado cuando se necesite.

Capítulo 3

El conocimiento propio y el fin del estrés

EL EQUILIBRIO EMOCIONAL Y EL FIN DEL ESTRÉS

¿Cómo participo en la lectura?

En esta parte del libro, los invitamos a realizar un trabajo de investigación y a inquirir en sus realidades en lo que refiere al campo psicológico, para que puedan darse cuenta de si hay o no equilibrio en sus emociones y si hay o no una posibilidad de encontrar o acceder al equilibrio emocional.

Si tenemos interés en investigar y descubrir si es posible un estado sin contradicciones, es importante comenzar por darnos cuenta de la forma en que leemos esto, así como cuál es la manera de escuchar lo que escuchamos y de ver lo que vemos.

Darnos cuenta de si lo hacemos desde una actitud de espectador o de actor... Si uno está en posición de actor, significa que no da nada por sentado, no aprueba lo expuesto ni lo niega o rechaza, sino que, al inquirir, participa, con un cierto grado de escepticismo y de duda. En este caso, lo importante es descubrir por uno mismo qué hay de verdad o de falsedad en lo expuesto.

Si queremos investigar algo, tenemos que poder saber si lo realizamos desde un estado de libertad o desde nuestros particulares prejuicios: ¿puedo hacer una investigación sobre las causas que dan origen a los desequilibrios emocionales que yo mismo puedo tener, si estoy indagando con mi carga de condicionamientos?

Al comenzar un trabajo de esta índole, saber si puede haber una investigación o no, cuando observamos desde el condicionamiento, es una pregunta muy interesante y básica para hacerse uno mismo.

Si estamos condicionados por ideas, preconceptos, dogmas, métodos, técnicas, una filosofía determinada, paradigmas, creencias populares, ilusiones, imaginaciones, limitaciones –raciales, familiares, religiosas, culturales, ambientales y sociales–, tradiciones, nacionalismos, conceptos astrológicos, experiencias y vivencias personales, lo que vemos en nosotros ¿no es producto de todo este bagaje de condicionamientos?

Al observar, se puede descubrir que uno es un sinfín de condicionamientos. ¿Y éstos no son, acaso, los que modulan, dan forma y determinan nuestros pensamientos, sentimientos y acciones y, por ende, pueden ser la base de nuestra desarmonía?

A veces, tenemos una idea muy fuerte acerca de nosotros mismos, nos creemos únicos, diferentes y hacedores de todas las cosas. Por eso, asumirnos como "un ser condicionado", es decir, que nuestros pensamientos están determinados por un sinfín de causas, es algo que no se quiere aceptar o que cuesta aceptar.

¿Se puede dejar el condicionamiento de lado? Y si es así, ¿cómo se lo deja?

El condicionamiento aparece en los contenidos de nuestros pensamientos y de nuestras emociones, entonces, ¿qué pasa si hay un "ver" y un "escuchar" dejando de lado el pensamiento? Esto es, sin interpretar, sin comparar, sin juzgar, sin justificar, sin analizar. Nos referimos a percibir el movimiento interno y externo de la vida sin el pensamiento.

En ese caso, ¿no habría un "ver" y "escuchar" puros, objetivos, libres? Parece muy difícil, pero, tal vez, sólo sea cuestión de quedarse, de experimentar, de darse un tiempo para estar observando cualquier cosa: el vuelo o el canto de un pájaro, las nubes pasar, sin nombrar lo que se ha visto u oído. Y si eso es posible, entonces, llevar esa actitud a los procesos internos.

En esa observación despojada del condicionamiento, que significa sin el pensamiento –por lo que se excluye a la palabra–, hay un estado del ser en el que la persona puede ver, escuchar y percibir las cosas con una mente libre, objetiva, clara; en el que puede descubrir algo nuevo, que habilite comprensiones profundas, siendo éstas las que pueden generar el cambio en nuestras maneras de pensar, sentir y actuar.

Es importante, también, reconocer si uno lee de corrido o deteniéndose en algún punto, o quizá, relee, desde la inquietud de poder comprender en profundidad.

Por un lado, uno puede leer como para atesorar o tener algún concepto que le pueda resultar útil para aplicar y, posteriormente, pretender que ese concepto resuelva su problema. Por otro lado, en lugar de esto, se puede leer con un espíritu investigativo, atento a los sentimientos y sensaciones que en el momento de la lectura se están generando, es decir, en un aquí y ahora, desde el interés por comprender los procesos que hacen a la persona y sus relaciones.

Si se lee queriendo incorporar conocimientos, lo que sucede es un proceso mental, restringido solamente al campo intelectual. Una comprensión de ese tipo genera un rango de cambio pequeño, limitado. Por el contrario, si hay un proceso vivencial, atento a lo que en uno va ocurriendo, en todo su ser, en el preciso instante de leer algo, esto puede habilitar una transformación radical.

Es importante descubrir en uno si se opera desde el campo de las ideas, que son las abstracciones de las realidades, o si se opera en los hechos, que son las cosas concretas de la vida, que es lo que se siente, lo que se piensa y lo que se hace. Cuando estamos en los hechos, esto es, la vivencia, puede haber una comprensión transformadora. Si se quiere investigar, cada persona tendrá que hacerse preguntas y quedarse con ellas, dejar que éstas actúen; esto da lugar a conocerse uno mismo, a darse cuenta del trasfondo de nuestros pensamientos, de los sentimientos, de las acciones, de las situaciones que se generan en las relaciones que hacemos con otras personas, con el dinero, con el sexo, con el conocimiento, con las creencias, con la comida.

El que uno se dé cuenta del trasfondo, de las raíces que hay en cualquier situación de la vida y el poder dar lugar para que termine ello de operar es lo que permite lograr el equilibrio emocional.

Estamos hablando de leer así como también de escuchar, entregados en todo lo que somos, cuerpo y psiquis, desde el sentimiento vivencial y la razón, dándonos cuenta de que, desde esa totalidad, no estamos haciendo un trabajo fragmentado. El trabajo fragmentado ocurre cuando leemos solamente desde el pensamiento racional, o sea, desde nuestra parte intelectual. Si operamos desde un fragmento de nosotros, las comprensiones también serán fragmentadas y no generarán el cambio radical necesario para dar lugar al equilibrio emocional.

Estamos hablando de aprender "el arte del vivir" que, tal vez, sea simplemente: aprender a ver y escuchar.

¿El equilibrio emocional existe o es una utopía?

¿Puede alguien darnos el equilibrio emocional, alguna técnica, algún maestro, un sistema, unas gotas de algún preparado, algún libro, un viaje místico, la oración, un ritual chamánico? El equilibrio emocional, entonces, ¿depende de un factor externo o de un profundo y arduo trabajo de conocimiento propio?

Para conocerse uno mismo, lo primero es hacerse cargo de las propias realidades que se expresan en el campo psicológico, en los vínculos, en la vida laboral. Hay que partir de aceptar e investigar las causas profundas de los conflictos que se generan, aquellas razones de las que hoy no soy consciente, lo que hoy no sé; justamente, en lo que no sé están las motivaciones que subyacen a cualquier afectación.

Nos inclinamos muy fácilmente a buscar las soluciones fuera de nosotros. En las personas, hay una inclinación innata a buscar algo que resuelva la "cosa", y, sobre todo, en forma rápida, sin ningún trabajo interior. Eso puede ser viable para el campo de las cosas prácticas, concretas, pero trasladar esa forma al ámbito psicológico es algo inconducente o, quizás, es conducente a más conflicto.

Hay un chiste que es elocuente con relación a lo que estamos diciendo: una persona pierde las llaves de la casa en medio del campo, y se pone a buscarlas debajo de un farol, en la calle. Pasa alguien y le pregunta qué le sucede, entonces, el personaje le cuenta lo sucedido; el otro le pregunta por qué busca las llaves ahí, cuando, en realidad, las ha perdido en medio del campo; y aquél le responde que porque allí hay más luz...

Nosotros hacemos algo parecido, buscamos la solución de nuestros problemas en otro lugar distinto del que en verdad sucede, que es dentro de nosotros, el problema mismo contiene la solución.

¿Encontramos el equilibrio buscándolo o éste sucede espontáneamente, en forma natural, cuando sólo nos atenemos a lo que "es", es decir, al desequilibrio que impera en nosotros mismos? ¿No será que hay desequilibrio por anhelar el equilibrio?

Uno reacciona deseando lo opuesto de lo que se expresa en nosotros, y desea un estado de paz interior. El deseo de algo diferente nos habla de un estado de insatisfacción y de no saber convivir con lo inestable, lo mutante, con los desafíos, con lo "desarmónico", con el caos, con las situaciones de crisis que, por más que no queramos, existen en la vida.

En general, reaccionamos frente a aquello que perturba, y esa reacción es bien vista, como algo saludable, lógico, propio de una persona con una sana inquietud. Si uno observa, puede llegar a descubrir que la reacción a algo que me perturba —quejarse, enojarse, agredir, argumentar sobre ello, buscar el apuesto a lo que sucede— implica un rechazo, una resistencia a algo que se expresa en nosotros. Al hacerlo, se pueden generar ciertos cambios. Pero si observamos un poco más, nos podemos dar cuenta de que la reacción está gestada en la misma mente que gesta el conflicto.

Cuando se percibe esa realidad, solamente nos queda no hacer nada y se puede observar, incluso "vivencialmente", lo que está sucediendo, sin reaccionar. El rechazo genera una lucha en uno, entre lo que se manifiesta y lo que deseo que se manifieste; esto nos desgasta e insensibiliza. Todo cambio que se dé en estas condiciones es parcial, relativo y no se sostiene en el tiempo.

Al revés, si no reacciono ni resisto y puedo convivir observando, descubriendo cómo se produce la afectación, puede haber una transformación armoniosa en uno mismo.

¿Puede haber un equilibrio emocional si hay contradicciones entre lo que pensamos, sentimos, hacemos y decimos? Ante una situación de contradicción, lo que podemos hacer es intentar descubrir por qué pensamos o sentimos de una manera, pero obramos de otra. Tal vez, descubramos que tenemos temor a hacer o realizar lo que se piensa, ya que nos da inseguridad realizar el cambio. Pero ¿no nos da más inseguridad vivir en la contradicción, con todas las consecuencias que ello genera?

¿Puede haber equilibrio emocional cuando hay desorden en nuestra vida diaria, en cuanto a horas de sueño, tipos de alimentos que ingerimos, si consumimos excitantes del sistema nervioso, como cafeína, alcohol, drogas legales o ilegales, tabaco, azúcares, etcétera?

¿Puede haber equilibrio emocional si no realizamos actividades físicas y expresivas, si miramos mucha televisión, si hacemos demasiada vida social, si no nos damos tiempo para estar a solas, contemplando lo que sucede interna y externamente?

¿Puede haber equilibrio emocional si estamos alejados de la Naturaleza o no nos damos un tiempo diariamente para estar en ella, aunque sea en una simple plaza? ¿Acaso no es la Naturaleza por sí misma una fuente de energía, que nos sensibiliza y equilibra, que nos da la posibilidad de ampliar nuestra mirada con una cosmovisión mayor?

El cambio ¿no es que sucede en el momento que asumimos nuestra realidad, siendo vulnerables con ella, aceptándola en forma activa, planteando un cuestionamiento, una cierta rebeldía, que no es resistencia frente a lo que se nos manifiesta, y existiendo también una cierta actitud de humildad y coraje? Una actitud de esta naturaleza ya es un cambio profundo en uno, y es el principio de un estado de equilibrio emocional.

Rebelarse es darse cuenta, desde todo el ser, de que algo no puede continuar, "algo" que acepto que sucede y que soy; en cambio, resistir es no tolerar, no aceptar algo que somos, es no querer verlo ni asumirlo.

Tal vez, minimizamos el cambio que se genera, porque creemos que el valor y la factibilidad del cambio pasan solamente por nuestras acciones y el esfuerzo que conllevan. Nos referimos al cambio que es producto de la comprensión. Comprensión que no viene del análisis, que es el pensamiento condicionado. La comprensión a la que aludimos es la que se genera cuando se vive algo libre de la palabra, que son símbolos, pero no la realidad. Esta comprensión es la que genera nuestra transformación, no nosotros mismos que somos el problema.

¿Será que estamos tan habituados a vernos a nosotros mismos y al mundo en un profundo desequilibrio emocional que éste termina siendo casi "normal"? ¿Será que es idílico pensar en un estado de conciencia con equilibrio psicológico?

Creer que es posible y creer que no es posible es lo mismo. ¿Qué sucede si miramos sin ninguna creencia y nos entregamos a esta experiencia, jugando con ella, viviéndola en toda su dimensión, con un espíritu de aventura, de rebeldía frente a tanto condicionamiento y a tantas formas enquistadas, mecánicas? ¿Podemos observar todos los procesos internos con interés, pasión y un profundo fervor por ver si es posible vivir de otra manera? ¿O existe una actitud de resignación, de descreimiento, ante la posibilidad de cambio que puede llegar a generar la comprensión de lo que subyace?

A la meditación, en sus orígenes, se la entendía como un estado de observación, sin opciones, sin motivo. Es decir, descartando, por ejemplo, "esto me gusta", "no quiero verme como soy y quiero ser de tal manera", "esto lo acepto, aquello lo rechazo". O sea, libres del deseo de encontrar algo diferente a lo que "es", sino, justamente, viviendo lo que "es", dejándolo que se exprese, y dejándonos abarcar en todo lo que somos, atentos y perceptivos.

Cuando somos lo que observamos, es decir, que no nos separamos de lo observado, es una observación creativa y transformadora, uno "es" lo que sucede interna y externamente. Así, para dar un ejemplo, veo un perro correr y chumbarle a las ruedas del auto; y si vuelvo a pasar, observo que el perro vuelve a hacer lo mismo; y tantas veces que pase, tantas veces el perro hará lo mismo; y me descubro en la actitud del perro, descubro mis respuestas automáticas, las mismas respuestas frente a los mismos desafíos... De este modo, me doy cuenta de la "mecanicidad", de los hábitos, me descubro en un perro como me podría descubrir en cualquier cosa viviente.

Si estoy atento, también me descubro en los otros. Para ello, tengo que dejar de enjuiciar a los otros y a mí mismo. Eso no significa que dejaré de percibir el conflicto, pero una cosa es percibir el conflicto y otra es enjuiciar.

Uno es el mundo y el mundo es uno, por lo que si hay plena atención, sin opciones, podré darme cuenta de cómo funciono, podré conocerme; y si hay conocimiento propio, entonces, hay equilibrio emocional.

De este modo, la meditación puede ser la puerta que nos lleve al equilibrio emocional, porque termina con lo que "es", o sea, con el desequilibrio emocional.

¿Podemos estar atentos a si meditamos para...? Si existe un "para", hay un deseo y, por ende, una división entre "lo que soy" y "lo que anhelo ser", entre "lo que me sucede" y "lo que anhelo que me suceda". Por lo tanto, así nada se resuelve, sino, al contrario, las cosas se agravan.

¿Podemos investigar más allá de la palabra, que es la materialización del pensar, con su carga de condicionamientos, recuerdos, experiencias, vivencias? Si investigamos desde las palabras, siendo éstas un símbolo de la cosa, pero no la cosa, seguimos mirando en forma fragmentada, parcial, separada. La palabra "objetiva", es decir, "rotula, pone afuera"; en el ejemplo que damos, nos separa del sentimiento, pone afuera de uno mismo la vivencia. Al hacer esto, se genera un supuesto sujeto (uno mismo) y un objeto (el sentimiento que en uno se expresa).

¿Puede haber observación del movimiento interno sin palabras? Poder ver libres de la palabra es observar la perturbación, la afectación que, en un determinado momento, podamos sentir, sin catalogarla, sin definirla, por ejemplo, llamándola "tengo miedo". Si excluimos la palabra, sólo hay vivencia, sólo hay un movimiento interno de diferentes situaciones que se van desplegando hasta que, tal vez, todo termine.

Habiendo llegado hasta aquí, únicamente nos queda darnos un tiempo para estar a solas, en silencio, con todos los aparatos que hay en nuestro alrededor desconectados, observando, vivenciando, atentos al fluir de las cosas internas; atentos a todo el movimiento interno, sin ninguna elección, dejando también de lado la verbalización, o sea, el nombrar las cosas que se vivencian. Estar atentos, perceptivos, sin juzgar, aprobando o desaprobando lo que vemos, sin justificar, y analizar lo que sucede dentro de nosotros. *En este estado, ¿no hay libertad, paz interior y equilibrio emocional?*

Alimentación para el cuerpo y el alma

¿POR QUÉ VIVIMOS LUCHANDO?

Habitualmente, la vida de las personas transcurre con una importante carga de ansiedad, que se produce por la búsqueda de logros materiales, psicológicos, emocionales, de relación, sociales, laborales, de desarrollo personal, etcétera.

Otras razones generadoras de ansiedad y, consecuentemente, de la lucha por "lograr" son los hechos de querer conseguir un estado distinto del que se tiene, tratar de ser diferente de lo que se es, hallar una paz interior que no se tiene, encontrar una salud que no se posee...

Esa preocupación por buscar "algo diferente" de lo que sucede en el presente es vivida, en muchos casos, como "estar en la lucha". Esto hace que se viva expectante por lo que sucederá, en lugar de estar atento a lo que está ocurriendo en el presente, como si lo importante sería lo que está por acontecer, lo que en un futuro se concretará, logrará o conseguirá. De este modo, no se siente como importante lo que está sucediendo a cada instante en uno y fuera de uno mientras se está yendo en una dirección, sino que lo relevante se centra en el objetivo, en la meta.

Los propósitos y deseos del campo psicológico, conscientes o inconscientes, son el resultado de comparaciones, envidias, celos, competencias, insatisfacciones o sentimientos de carencia, así como también son el producto de condicionamientos culturales, familiares, raciales, religiosos, mandatos o ideas provenientes de alguna persona que signifique una autoridad.

Por lo general, se aprueba ese "vivir luchando" y, muchas veces, se lo percibe como meritorio, porque refleja un espíritu inquieto que no se amolda a las circunstancias, que no se resigna. Y es habitual el considerar que, a través de "la batalla", se logra llegar a los objetivos que uno anhela, como si esa fuera la única forma de lograrlo.

Pero si hay lucha, eso significa que hay una parte de uno que intenta doblegar a la otra, que también es parte de uno mismo. Por ejemplo, si persiste una dolencia física y uno se da cuenta de que la causa está relacionada con ciertas formas desordenadas de vivir –tener una alimentación desequilibrada o la falta de actividad física–, se reacciona frente a esta realidad luchando por lograr lo contrario. No surge una acción natural, sin esfuerzo, producto de una comprensión que está modificando la acción generadora del problema; sino que se lucha para doblegar las resistencias o el desgano por hacer lo correcto o más sano.

Aquí habría que preguntarse: *¿las cosas se logran luchando, esforzándose, con voluntad? ¿O se puede vivir con objetivos, y uno puede acceder a ellos habiendo comprendido profundamente por qué hoy no son una realidad?*

Muchas veces, una persona lucha y se esfuerza por hacer o lograr algo que le resulta no del todo agradable, que le implica poner todo de sí, algo que jamás haría naturalmente. Por ello, frente a una situación así, es importante

Alimentación para el cuerpo y el alma

cuestionar y dudar de todo lo que anhelamos, porque al hacerlo podremos descubrir muchas razones ocultas, algunas de ellas conflictivas.

Aunque pensemos que es totalmente válido querer una determinada cosa, aun cuando nos cueste y creamos que no tiene sentido dudar y cuestionar las razones "lógicas", si lo hacemos, se puede dejar al descubierto que, tal vez, las supuestas razones "lógicas" no lo sean tanto. Y descubramos que lo inteligente es dejar de esforzarse por realizar dichas acciones.

Por ejemplo, alguien en pos de lograr ser propietario, en vez de inquilino, o en pos de un beneficio económico, de un ascenso en la empresa, trabaja muchas horas diarias, para lo cual tiene que esforzarse, luchar con las resistencias internas a hacerlo, pero la persona presupone que si no es de esa forma, jamás logrará tal objetivo.

Primero y fundamental, no vemos que el fin no justifica los medios. Tampoco nos damos cuenta de qué es lo principal y qué es lo secundario; siendo principal, quizá, la salud psicofísica de la persona, la armonía interior que todos podemos tener, y secundario, lo económico o material.

El vivir luchando, esforzándonos, aplicando la voluntad para vencer las resistencias, nos desgasta, agota, insensibiliza, nos enferma física y psicológicamente. Nos hace perder el gozo y belleza que están presentes en el aquí y ahora, en una vida transcurrida en forma natural, es decir, sin esfuerzos, sin luchas.

La comprensión de lo que está sucediendo interna y externamente es posible cuando nos damos cuenta de que lo importante en la vida no es el mañana, con sus aspectos modificados, ese futuro que proyectamos libre de problemas. Al contrario, es lo que está sucediendo en el ahora, es allí donde están las semillas, las raíces de nuestro futuro.

Cuando nos damos cuenta, de manera vivencial, de que vivir proyectándonos significa permanecer en una burbuja de irrealidades, y que, de este modo, continuaremos en el estado en que hoy nos encontramos, es cuando se genera un cambio que nos reconduce a vivir en el instante presente, en los hechos reales que hacen a nuestro momento actual.

¿Por qué le damos tanta importancia a lo que buscamos encontrar o lograr en el futuro? ¿Será que nuestra vida hoy está vacía, que tenemos, en el presente, una honda insatisfacción o nos sentimos incompletos, carentes de algo? ¿Nos genera inseguridad el aprender a vivir con lo que está ocurriendo a cada instante? ¿Cómo se modifica, cómo se vive en el aquí y ahora con plenitud?

Tal vez, todo el cambio comienza cuando tomamos conciencia del presente, de nuestras proyecciones futuras, de todo el movimiento de nuestro pensar, sentir y actuar. Prestándole atención a las intenciones y motivaciones, conscientes o inconscientes, que subyacen a la búsqueda de objetivos o logros personales, o cualquier nombre que queramos ponerle a toda esta acción, a toda intención que "nos impulsa a...", desde esa atención, surgirán destellos de comprensión.

Comprender el presente, con todo lo que éste involucra, nos llevará a darnos cuenta de nuestros miedos, de nuestras resistencias e inseguridades, de la desconfianza en nosotros, en los demás y en la vida, así como de nuestra incapacidad para el cambio, al vernos abroquelados en formas conflictivas de vivir.

También nos podremos dar cuenta, al observarnos, de que muchas cosas o estados que anhelamos son producto de comparaciones, de seguir las ideas de otros, de envidias, y de que estos objetivos o "deseos de..." no siempre nos interesan verdaderamente. Quizás, al contrario, llegamos a ver que no son producto de algo genuino nuestro, que son producto de condicionamientos familiares y que sus motivaciones no son valederas, que es algo que, en el fondo, no deseamos.

La observación de nuestro presente nos puede llevar a percibir si hay o no una satisfacción de vivir el momento actual, es decir, vivir la vida tal como es, con sus circunstancias particulares, con sus momentos de gozo y sus momentos de dolor. Saber si vivimos "porque sí" o vivimos para lograr tal o cual objetivo, tal o cual cosa o estado.

Al quedarnos observando sin esperar ningún resultado en particular, podremos también percibir si nos sentimos vacíos o plenos, satisfechos o insatisfechos, tranquilos o inseguros, ansiosos o confiados en el futuro y en lo que la vida nos depara.

Para ver, observar y comprender, es necesario que haya una gran tranquilidad interior, una profunda quietud, sosiego y silencio. Para ello, es fundamental el no buscar un resultado, una respuesta, porque, de ese modo, sería motivo de más movimientos internos que impedirían que se develen las razones ocultas.

Las respuestas que se encuentren serán simples pasos para dar lugar a otras nuevas, lo que permitirá seguir descubriendo y desarmando todo el entramado que tiene cualquier situación de vida que nos toque vivir.

Cuando descartamos los juicios, las explicaciones y justificaciones, y también cuando dejamos de nombrar, es decir, de catalogar lo expresado, porque ello sólo logra objetivar, poner fuera de uno las razones que se van expresando, recién ahí quedan expuestas y evidenciadas en nuestra conciencia las razones, motivaciones y formas psicológicas que nos impulsan a tantas cosas.

Al quedarnos vivenciando, sin optar por nada diferente de lo que se va expresando, va quedando develado todo el entramado que sostiene una situación psicológica en particular. Entonces, ese estado psicológico que quedó al descubierto podrá florecer, al no encontrar ningún obstáculo ni resistencia. Todo lo que no florece, termina, muere. En ese estado de quietud frente a lo expuesto, se genera una mutación, que es una transformación radical en las raíces de nuestro pensar, sentir y actuar.

A partir de esto, no será necesario luchar ni esforzarse por concretar aquellas cosas lógicas y naturales que toda persona anhela, porque se habrán disipado los factores que entorpecían, que dificultaban realizar cosas libres del esfuerzo. También se habrán esfumado los deseos que devienen como producto de estados conflictivos y de nuestros condicionamientos, permitiendo la concreción de todo aquello que verdaderamente se desea, de corazón, y que esté libre de cualquier carga conflictiva.

En esta forma de vivir, lo importante ya no es el fin, sino el camino, el día a día. La vida se torna una aventura apasionante, más allá de lo que suceda o deje de ocurrir.

Se puede pensar que hemos expuesto este tema en una forma demasiado simplista, como algo muy mágico, cuando las cosas en la vida no son tan así de sencillas. Quizá, sea cierto o no. Pero es verdad que todos tenemos una fuerte tendencia a hacer un problema de todas las cosas, y pareciera que si tenemos complicaciones, nos sentimos más intensos, más importantes; que sólo "somos alguien" a partir de que pasan cosas en nosotros, de que nos esforcemos y luchemos.

¿No terminamos haciendo un problema del problema? Para comprender algo, ¿no es importante desdramatizarlo? Y si lo desdramatizamos, ¿no le damos la oportunidad al problema de que nos muestre todo su entramado, sus razones ocultas y pueda llegar por ello a su fin?

Con todo lo expresado, estamos viendo que, en la vida, cuando nos surgen deseos o necesidades de lograr ciertas cosas, en el terreno material, psicológico o de relación, podríamos preguntarnos si no es una forma interesante de abordarlos el hecho de poder observar: ¿cómo y por qué se generan los deseos?, ¿será posible concretarlos sin convertirlos en un problema?, ¿se pueden realizar las cosas libres del esfuerzo?

Estas comprensiones acabarán siendo lo más importante de todo, y no lo será la cosa en sí misma. Y esa observación es la que traerá una comprensión que permitirá, tal vez, la concreción de aquello que originariamente deseábamos, en forma tranquila, natural.

Este tipo de observación y entendimiento son simples, no requieren de ningún estudio o preparación especial ni de ningún esfuerzo: estamos hablando de observar con mirada de niño, pura, despojada, desprejuiciada. Es una observación que se va desarrollando al ir sensibilizándose, al ir ordenando la vida en todos sus aspectos. Y ese orden es producto, a la vez, de la misma observación con la que comenzamos, comprendiendo el desorden, el ruido de la mente, la enfermedad. Es algo que cuando comienza no tiene fin, y en ello reside su gracia, su valor.

¿Hay un estado de observación mientras leemos este texto y vemos lo que nos genera? ¿Qué sentimos frente a todo esto, cuáles son nuestras reacciones interiores? ¿Podemos ir descubriendo qué hay de real y de irreal en lo que estamos leyendo?

El darnos cuenta, mediante la vivencia, y el descubrir ahora, por nosotros mismos, lo que hay de verdadero y de falso en todo lo expuesto, sin plantear conclusiones ni ideas al respecto, genera un cambio, más allá de nuestra voluntad.

ATRAPADO POR LAS OBLIGACIONES

Muchas personas sienten que no pueden o no saben manejar las obligaciones, las responsabilidades y las demandas de la tarea que se realiza o de los vínculos con otras personas. Entonces, se sienten atrapadas en una vorágine frenética, competitiva y de sobreexigencia, y toda o gran parte de la atención, el tiempo y la energía de los que se dispone están al servicio del trabajo y la familia.

Estas personas sienten que no queda espacio para otras cosas. Al final de la jornada laboral, ya no hay energía para hacer aquello que tanto se anhela y necesita, como hacer actividades físicas o expresivas, desarrollar ciertas cualidades artísticas, tiempo para los vínculos, tiempo para un ocio creativo, tiempo para cocinar aquellas comidas que hacen bien, tiempo para contemplar y estar en silencio. No queda tiempo disponible. Todo el tiempo es una carrera en pos de objetivos, de metas por alcanzar. Y cuando se llega a una meta, surge inmediatamente otra nueva meta, y así es siempre la vida, corriendo es pos de algo.

Hoy, la excelencia, la perfección y la eficiencia son atributos que la sociedad valora en demasía y, por consiguiente, le restan tiempo a la persona, porque ésta se exige realizar sus tareas con una sobrevaloración por la tarea misma y por la forma en que se la lleva a cabo.

La responsabilidad, a veces, se torna dual; por un lado, la persona se puede sentir orgullosa o conforme por ser "muy responsable" y, por otro lado, la asaltan deseos de ser irresponsable, vaga, indolente, con ganas de abandonarse.

Es interesante investigar ¿qué es la responsabilidad? ¿Es que ésta es una gran aplicación a la tarea, atendiendo todas las demandas que emanan de ella, sin importar el tiempo que esto implique y, por consiguiente, se desatienden muchos otros aspectos básicos que hacen a la vida? ¿O la responsabilidad es atender, en forma equilibrada, armónica, sobre todo pareja, todo aquello que hace a la persona, al prójimo y a la vida toda?

De ser la responsabilidad entendida como una atención desmedida por la tarea, sería irresponsabilidad, por dejar al sujeto en un segundo lugar que, supuestamente, sería lo único importante y trascendente, no siendo así la tarea.

A la vida se la vive con esfuerzo, porque las insinuaciones e impulsos de nuestras sensaciones, sentimientos, pensamientos, que incitan a gestar un cambio de vida, están en constante lucha con los condicionamientos sociales y familiares, el hábito, la costumbre, la "mecanicidad", los miedos, la búsqueda de seguridad, que nos llevan a hacer lo de siempre, a perpetuarnos en lo mismo, a lo sumo, con pequeños cambios.

Uno se siente perdido, en ocasiones, sin saber quién es o sin saber qué desearía desarrollar, confundido en la rutina y demandas de lo cotidiano, perdido entre tantas obligaciones.

Se vive en forma mecánica, perdiendo la alegría "porque sí" del vivir, la naturalidad de lo espontáneo, la creatividad frente a lo nuevo, el gozo por las pequeñas cosas de la vida, por lo simple.

Pero vivir de esta forma implica una sensación de ahogo, impotencia, futilidad, vacío, frustración, monotonía, por no dar alas a la libertad, al poder y la creatividad natural que hay en cada persona.

Esto lleva a la búsqueda de placer, a descargar tanta presión, a llenar vacíos; lo cual, la mayoría de las veces, nos retrotrae a la situación inicial: más vacío, más impotencia, más frustración y, por ende, más "mecanicidad", más agobio. Todo termina siendo un círculo vicioso: se vive preso de las causas y los efectos.

Parece que no vemos que la vida, al vivirla en forma mecánica, en forma de acción y reacción, con objetivos y metas preestablecidas, producto de nuestro particular condicionamiento y de los miedos, de la necesidad de ser aprobados por los otros, es una vida que nos llenará de agobio, puesto que en, última instancia, no hay ningún lugar donde ir ni nada por lograr, más que el estar en paz con uno mismo. Que es lo único que nos puede dar felicidad y seguridad.

La vida tiene un sentido, justamente, cuando no se le busca el sentido, cuando se vive y se hace cada pequeña acción con amor, con la atención puesta en cada mínimo aspecto de la vida y estando en el presente. Desde ese lugar, irán surgiendo nuevos caminos en forma natural, sin que uno se haya propuesto ir en esa dirección. Esto nos inunda de una alegría surgida sin un motivo en particular, alegría "porque sí".

Otra característica del hombre es sentir que la demanda y responsabilidad de las exigencias y obligaciones viene por parte de otros, que son el medio, la sociedad, el jefe, la empresa, la familia, el sistema capitalista; éstos son los que promueven y gestan que se viva estresado.

Se tiene pánico a parar, a "bajar del barco", por más que sentimos que si seguimos como estamos viviendo, terminaremos en la demencia o en la autodestrucción. Hoy, a través de los medios de comunicación masivos, se nos estimula para llevar una vida hedonista, que satisfaga todos los sentidos, sin medida; que nos permita tener todo lo que deseemos, sin límites. Para lo cual hay que trabajar, trabajar y trabajar; competir, esforzarse, superarse, exigirse.

Pero el resultado es una profunda sensación de vacío existencial, agotamiento, deshumanización, de desequilibrios en todos los órdenes que hacen al ser humano y al planeta.

En la actualidad, los cambios climáticos son ya una realidad irrefutable, y las consecuencias para el hombre, para la tierra, e incluso para la economía, son materia de análisis gubernamental. Habría que preguntarse si seguir con el frenesí productivo que hoy existe, no acabará con la vida del hombre en la Tierra.

Se torna imposible el detenerse, parar, meditar, ver, observar, percibir con sutilezas y sin reaccionar lo que nos ocurre. Hay tanta velocidad, tanto apuro, tanto barullo en la mente, tanto ruido, que no podemos quedarnos un poco quietos, si lo hacemos nos sentimos tontos y perdidos.

Cuando uno se detiene, inmediatamente, se busca algo que nos distraiga, algo donde poner la atención. Es decir que si no estamos ocupados en la tarea, la atención y ocupación está puesta en algo que, la mayoría de las veces, genera más barullo y ruido en la mente, pues nuestra atención está puesta en: programas televisivos, chateo, navegación por Internet, deportes competitivos, el sexo sólo por el sexo, diálogos con amigos sobre lo que nos aqueja, el consumo de estimulantes, como café, mate, alcohol, tabaco y tantas drogas lícitas e ilícitas.

De manera que nuestras ocupaciones, fuera de lo laboral, acaban generando lo mismo que aquello de lo cual nos queríamos evadir, que es ese ruido, esa presión y agotamiento de la mente.

Además, se termina resignado, aceptando como normal el vivir preso y sin libertad, en forma obsesiva, adictiva, compulsiva, frente a las obligaciones; el vivir con esfuerzo, agotando nuestros recursos energéticos.

Las motivaciones

La obsesión por la tarea puede tener que ver, entre otras razones, con el hecho de que consideremos el dinero lo más importante de la vida, aunque nos cueste asumirlo y reconocerlo. Justificamos y argumentamos por qué hacemos lo que hacemos, y no vemos que, en realidad, consideramos el dinero como un bien fundamental, cuando en verdad no lo es.

Si bien el dinero es necesario para poder llevar adelante una vida digna, muchas veces, se lo busca en demasía, y se siente un miedo fuerte por dejar de tenerlo, hay una sensación de pánico por si, en algún momento, se lo dejara de poseer.

Si una persona actúa con serenidad, con una mente perceptiva y atenta por todo, con amor por lo que realiza, puede pasar momentos de escasez, pero ellos dejarán una enseñanza y no serán vividos en forma conflictiva. Además, cuando se realiza con amor la tarea, hay un estado de creatividad; esa actitud frente a la vida genera un orden externo que hará que nunca falte lo esencial.

Otros aspectos que generan actitudes obsesivas respecto de la tarea, y que nos resulta difícil de reconocer en nosotros, son la envidia, la ambición, la avaricia, la codicia. En cada persona operan todos los sentimientos que hay en la conciencia humana. En una persona en particular, se pueden presentar algunos sentimientos en forma más fuerte y otros más débiles, pero algo de cada uno de ellos lo tenemos siempre operando, consciente o inconscientemente.

El asumirlos, reconocerlos, ver lo conflictivo de ellos sin pretender cambiarlos, puede ser el camino para que terminen de operar dentro de nosotros y, por ende, nos liberen de la presión psicológica que ellos generan frente a la forma de encarar el trabajo.

Es probable que la persona tenga una historia familiar que la condiciona, padres exigentes o padres permisivos, padres muy ricos o padres pobres, padres sobreprotectores o padres que la dejaron sin los cuidados básicos, padres que todo lo lograron con esfuerzo, inmigrantes, producto de guerras o padres indolentes, haraganes. Siempre encontraremos motivos y justificaciones que avalen la forma de vivir actual, y siempre habrá causas que generarán tales efectos, y tales efectos que generarán nuevas causas. Un eterno círculo vicioso.

Trabajar en forma acelerada y sobreexigida, tener muchos compromisos y muchas cosas por hacer, genera vértigo, fuertes emociones, mucha adrenalina. Todo esto es motivo de gran placer y genera la sensación de tener, de poder y de ser alguien importante.

Parece que los que valen son los muy ocupados, los exitosos, y del otro lado, están los marginados y fracasados. Da terror entrar en esa categoría, por eso, cuanta más acción, mejor uno cree sentirse.

Por más que, luego, uno se sienta mal, no se sabe cómo resolver esta dicotomía. Queremos y anhelamos aquello que nos da placer, en este caso, serían los logros, producto de dedicar mucho tiempo y energía a la tarea. Pero rechazamos las consecuencias de ello, no queremos sufrir ni vernos agotados, ni esclavos, ni vacíos, ni enfermos. Se torna imposible buscar el éxito, el poder, el reconocimiento y la acumulación de bienes materiales sin que vengan añadidos los conflictos.

Para poder logar esto, tendríamos que saber perder, morir, acabar con aquello que genera el conflicto; muchas veces, en el hecho de poder dar muerte a lo conocido, también damos lugar a lo nuevo.

El buscar ser reconocida, valorada, tener poder o tenerlo todo es una actitud propia de la persona autocentrada, infantil y "egoica". La maduración de una persona se da cuando se descubre que lo importante y trascendente de la vida es vivirla en forma natural, relajada, descubriendo la belleza y profundidad de las pequeñas cosas, con los pies en la tierra y la mirada en el cielo, sabiendo convivir con las propias realidades y con las externas.

Si uno se detiene un poco, podrá ver que uno de los trasfondos de vivir en forma compulsiva, por la tarea y por las obligaciones de todo tipo, es el miedo; miedo a no ser, a no ser valorado, querido, respetado, considerado; miedo a la inseguridad, creyendo que en la medida que se logren los objetivos, socialmente bien vistos, reinará el tan ansiado estado de seguridad.

Se siente miedo a no encontrar o a perder el lugar en el mundo; miedo a perder los vínculos que se tienen, a perder el trabajo o la empresa que se tenga, miedo a perder los bienes adquiridos, miedo a que cuestionen los conocimientos que se tengan. Siempre el miedo en nuestra vida, impregnando todo lo que hacemos, vivimos, pensamos y sentimos.

El miedo limita, coarta la posibilidad de cambio y de descubrir algo nuevo. El miedo genera violencia. El miedo enferma. El miedo nos encierra, nos agota y nos hace vivir a la defensiva.

Alimentación para el cuerpo y el alma

La vida termina siendo sólo trabajo, obligaciones, lucha, esfuerzo, exigencias, miedo a perder lo conseguido, ansiedad, frustración, violencia, angustia, búsqueda de placer, evasiones, placeres momentáneos, conflictos psicológicos, problemas físicos, dificultades con los vínculos, agotamiento del sistema nervioso y también físico, miedo a la enfermedad y al dolor, contradicción entre el pensar, el sentir y el hacer, y la sombra de la muerte agazapada en medio del trajín.

¿Es todo esto así, son éstos los procesos por los que hay que pasar o hay otra forma de vivir?

Si uno no se plantea ciertos interrogantes, si no se cuestiona el orden constituido, los valores sociales, las formas de funcionar, las creencias, los apegos, los deseos, las tradiciones, la cultura y las ideas que uno tiene, vivirá en un estado de confusión y adormecimiento.

Si no se cuestiona, se están validando procesos, modos de funcionar y de pensar, paradigmas sociales, que, tal vez, encierren en sí mismos formas traumáticas para el hombre. De esta forma, se vivirá en la dicotomía entre lo que socialmente está bien visto y lo que uno internamente siente como traumático, incoherente o inhumano.

Cuestionar es inquirir, dudar, no aprobar ni desaprobar; investigar dejando de lado los preconceptos, los prejuicios que tengamos, los paradigmas que imperan en un determinado momento de la historia, los supuestos valores sociales, o sea, todo el condicionamiento. Habiendo dejado de lado todo esto, recién podremos investigar en nosotros.

Cuestionar desde un "no saber", dándonos cuenta de que lo que hoy sabemos es lo que nos ha llevado al estado de cosas que hoy suceden. Por lo tanto, dejamos de lado ese saber o lo relativizamos, o queda en suspenso por un momento, para dar lugar a lo que "no sé", a lo que hoy no me doy cuenta, a lo que hoy no veo, a lo nuevo.

Lo nuevo surge en nosotros cuando miramos los hechos presentes, conscientes de que el saber de uno se sustenta en todo lo vivido, lo experimentado, lo conocido, que es lo viejo y, entonces, lo aparto por un rato, para que al mirar lo actual no se empañe con lo viejo.

A partir de darme cuenta, de un modo vivencial, que "no sé", se genera un espacio que puede llevar a ver otras formas nuevas de vivir, de funcionar, que pueden tener que ver con una vida en equilibrio, sana, sin esfuerzo, con creatividad, con amor por la tarea que se hace, libre de las exigencias y de la "mecanicidad".

Cuando cuestionamos desde la duda, damos lugar a que emerjan las razones de aquello que nos perturba y que nos molesta, tanto si es de otras personas como de nosotros mismos. Al cuestionar, puedo aprender algo diferente, uno se torna vulnerable, es decir, se expone a un despliegue del conflicto, se abre a las propias realidades que son los miedos y el dolor profundo inconsciente, que anida en los recovecos de nuestra mente.

Alimentación para el cuerpo y el alma

Lo contrario es cerrarse en lo de siempre, lo habitual, lo conocido, también es defenderse, protegerse y, de esta manera no hay lugar para que surja algo nuevo.

Pero si uno se abre, al exponerse, da lugar a la expresión, a que se despliegue aquello que se siente, que perturba, podrá comprender y darse cuenta de qué hay de falso y qué hay de verdadero *en la forma en que uno vive; en la que vive el conjunto de la sociedad; en las creencias que uno tiene y en las que tiene la sociedad; en los valores e ideas que reinan en un determinado momento de la historia; en los que erigimos como autoridades.*

¿Cuántas veces, en el transcurso de la historia, hemos visto cómo una sola persona se opuso, cuestionó y enfrentó a la sociedad en su conjunto, proponiendo otra forma de ver las cosas?

¿Existe un estado de seguridad o éste sería una quimera? En la supuesta seguridad, ¿existe la seguridad o en la inseguridad reina la seguridad?

Quizá, una razón matriz por la que una persona se sienta atrapada en sus obligaciones, sea el miedo a que si deja de hacer lo que hace podría sentirse inseguro. Para la persona, seguir haciendo lo que viene haciendo presupone un estado utópico de seguridad, que significa, para ella, un estado de paz interior, calma, surgido partir de tener o lograr lo que se propone y de lo que los demás esperan de él.

Habría que investigar si la búsqueda de seguridad, basada en la obtención de vínculos con otras personas, conocimientos y bienes materiales, encierra "siempre" el peligro de dejar de poseerlos o de generarnos insatisfacción por resultarnos siempre insuficientes.

Vivir con estos peligros es vivir con un constante estado de inseguridad. Por lo tanto, la búsqueda de seguridad ¿no será que conlleva el peligro de no alcanzarla y, por ende, es un estado constante de inseguridad?

Al revés, aquel que aprende a vivir en lo incierto, lo inestable, lo cambiante, lo inseguro, tal como es la vida, siempre mutando, es aquel que se siente seguro, tranquilo, calmo.

Una persona así no vive presa de esperanzas, de llegar a algún lado y, al poner la atención y amor en lo que hace hoy, los resultados van apareciendo sin esfuerzo, por no haber estado atrapado en la búsqueda del resultado y por haber puesto la atención en la tarea misma, sin el agobio que genera el vivir corriendo "en pos de…". Esa persona no vivirá carencias de ningún tipo, todo se le irá dando armónicamente, por el simple hecho de vivir cada instante como si fuera el último, con amor, que es sinónimo de creatividad.

¿Se pueden manejar los impulsos, los hábitos, la "mecanicidad" y las fobias? ¿O querer manejarlos y controlarlos implica generar más conflicto y, en consecuencia, darles continuidad?

Uno pretende, aspira y desea tener el gobierno, el manejo de las diferentes situaciones que hay en la vida, y no que éstas nos gobiernen. Se desea manejar ese impulso, ese miedo, esa "mecanicidad", esa fuerza que a uno lo lleva a vivir corriendo, apurado, preocupado, obsesionado por las obligaciones, por las metas, por los objetivos, con toda la carga de ansiedad que resulta de ello.

Lo irónico de la situación es que la persona que pretende tener el control es la persona descontrolada; la que pretende gobernar es la persona en un estado de anarquía; la que pretende tener el equilibrio es la misma que siente el desequilibrio. Así, ¿quién va a controlar qué cosa?

Si uno observa un poco, verá que el que quiere controlar es "el descontrol", y esto significa que es lo que uno "es" al momento que eso ocurre, y no es otra cosa más que eso.

El controlador surge, luego, partiendo de pensar y sentir que no se acepta a sí mismo ni acepta verse manejado por las circunstancias. Lo que realmente hay en uno es descontrol. El querer controlar no es más que un deseo, una idea, el producto de no aceptar la realidad de lo que uno "es".

También "el controlador" surge porque la persona siente que ella tiene que poder manejarse a sí misma. La realidad es que cuando un estado psicológico, por ejemplo, el ser obsesivo, puede llegar a estar muy enquistado, es casi imposible poder resolverlo desde "el control". Para citar un ejemplo, cuando una persona tiene el hábito del cigarrillo, y quiere dejarlo, inicia una lucha con ese hábito. Allí pueden suceder dos cosas: que no lo logre o que si lo logra, termine desarrollando otro hábito, uno muy común es comer en demasía.

Si uno ve, desde la lógica, que los procesos duales (deseo fumar y deseo no hacerlo) son inconducentes a un estado de libertad y equilibrio, naturalmente se desechan. En este proceso de desecho o descarte, lo que queda es un estado de vivenciar lo que "es", en el último ejemplo, "el hábito del cigarrillo".

Cuando uno se queda, dejando de lado el deseo de modificar las cosas, se exponen las razones profundas, que subyacen a lo que se esté observando y vivenciando, esto es lo que hace que terminen de operar en uno hábitos que no son buenos.

El principio del cambio sucede cuando empezamos a reconocer y asumir lo que somos. Somos lo que hacemos, no lo que decimos. Si somos obsesivos, exigentes y compulsivos frente a la tarea, ésa es nuestra realidad, no así las ideas que tengamos de lo que somos o de lo que deberíamos ser.

Si aprendemos a convivir con lo que realmente sucede, o sea, con los hechos –no con las ideas, que es lo abstracto o lo que debería ser–, y aprendemos a convivir con el hecho en sí mismo, sin movernos, justificando, analizando, enjuiciando, quietos, mirando, viviendo esa realidad, ésta, al quedar expuesta –y no resistida–, termina, acaba, debido a que no encuentra resistencia.

Por lo tanto, lo inteligente es aprender a convivir con lo que somos, sin opciones por algo diferente, y no luchar por modificarlo, porque así lo único que hacemos es darle continuidad y fuerza a nuestros conflictos. Esto nada tiene que ver con la resignación de aquel que siente que no puede cambiar.

El deseo de lo opuesto, ¿es el principio del caos interno?

El deseo por algo diferente suele estar muy bien visto. Pero ese deseo de cambio no es otra cosa que un rechazo a lo actual; y el rechazo a lo actual impide la comprensión, en este caso, de vivir agobiado de obligaciones.

Si ello no se comprende, por más cambios que hagamos, habrá una actitud básica que volverá a operar en las nuevas situaciones de vida que hayamos concretado. Al contrario, si eso es comprendido, puede suceder que acaben de funcionar en nosotros las causas subyacentes que daban lugar a esa forma de funcionar y responder a las obligaciones.

Con esto, vemos que el dar curso al deseo de ser lo opuesto a lo que somos es la puerta que nos lleva a alejarnos de una transformación natural; el deseo de lo opuesto le da continuidad a lo que hoy sucede.

¿Hay un "cómo" cambiar? ¿Qué implica preguntar por un "cómo"?

Siempre preguntamos acerca de cómo salir, cómo cambiar, frente al desafío de vernos envueltos en situaciones conflictivas.

Si hubiera un "cómo", habría una fórmula, un método o una técnica que, supuestamente, siguiendo los pasos propuestos, nos llevaría al estado tan ansiado opuesto al actual.

Todo esto encierra el rechazo por la realidad presente. Rechazando nuestra realidad psicológica, ¿no hemos visto ya, en todo lo expuesto, que nos alejamos de una comprensión liberadora?

Además, el querer "saber cómo" ¿no encierra una esperanza de modificar las cosas? Si hay esperanza, entonces, significa que estamos proyectándonos hacia un futuro modificado, y con esto, nos alejamos del presente que es donde están los resortes del cambio natural.

¿Existe la transformación espontánea?

La transformación espontánea se da cuando nos damos cuenta de que lo único importante es el conocimiento propio, porque desde ahí podrán reinar vínculos armónicos entre uno y las demás personas, entre uno y las cosas, entre uno y las ideas, entre uno y el trabajo, entre uno y la familia, entre uno y el dinero.

El conocimiento propio llega naturalmente cuando nos observamos, nos percibimos y estamos atentos cuando caminamos, cuando comemos, cuando hablamos, cuando trabajamos, cuando nos duchamos, así como a todo aquello que hagamos, a lo que pensemos, a lo que sintamos.

El conocimiento propio es producto de una atención plena a cada instante de la vida, a cada suceso, sin optar por algo diferente, esto es, sin querer modificar lo que observamos, sólo viendo y viviéndolo, dejando que cada cosa nos muestre y nos devele sus razones ocultas, ignoradas, tal vez, en capas inconscientes.

Desde esa actitud o forma de vivir holística, que es una visión sistémica, se irá viendo que todo forma parte de un fino entramando; cada cosa que pensamos, sentimos y hacemos está insertada en un conjunto de cosas, producto todas ellas de condicionamientos familiares, raciales, religiosos, culturales y ambientales.

También podremos ver que somos lo que observamos, que no hay separación entre un sujeto y un objeto. Esta separación se produce cuando pensamos, por ejemplo, "*yo* quiero resolver la *obsesión* por mi tarea" o "*yo* tengo *miedo*"; el sujeto es la persona, y el objeto, "la obsesión o el miedo".

El ver las cosas de esa forma dividida nos lleva, inevitablemente, a un estado de dualidad, de lucha de una parte nuestra con otra parte nuestra. La dualidad mencionada es un proceso absolutamente inconducente a un estado de equilibrio, pero, tal vez, sí sea un proceso conducente al desequilibrio.

¿Es, acaso, el que mira diferente a lo mirado o son lo mismo? ¿Por qué lo hacemos, será porque no aceptamos lo mirado?

La visión holística de uno trasciende lo personal y abarca todo el espectro de la vida. Y no sólo lo que a uno le sucede, sino lo que le sucede a todos los hombres, dado que, en el fondo, a todos los seres humanos les suceden las mismas cosas, en todos hay una necesidad de ser alguien, de sentirse querido, de encontrar algo que trascienda lo material; en todos hay miedo, confusión, dolor, sufrimiento, soledad.

Lo contrario a la visión holística es una visión fragmentada, por medio de ésta vemos únicamente aquello que nos perturba, sin ver su relación con todo lo que hace a la vida. Creyendo que ese fragmento es todo el problema que tenemos y que nos sucede nada más que a nosotros, sin poder ver que son formas de funcionar propias de todos los hombres.

Algunas conclusiones sobre el conocimiento de uno mismo

Lo que estamos expresando tiene como única intención mostrar una realidad que uno ve y vivencia como real. Quizá, las cosas no sean como están expuestas o, tal vez, es el lector el que tiene que investigar la realidad o falsedad de lo expuesto.

El trabajo de hacer una autoinvestigación genera por sí mismo un cambio en la forma de ver y de vivir las situaciones de la vida a aquel que lo haga. Además, este trabajo no pretende exponer un conjunto de nuevas, simpáticas y alegres ideas, sólo pretende describir lo que para uno son hechos de la vida.

Son hechos reales cuando cada uno, en su propia investigación, descubre la verdad y ve que lo que le sucede no es algo particular, sino que son formas propias de todo el género humano. Esa investigación se hace con todo el ser; con el corazón, con la mente, con el cuerpo, con la razón, con la lógica, con una inteligencia que opera en la vida, que no es "mi" inteligencia.

Lo que estamos mostrando es que cuando un ser humano se ve inmerso en situaciones que le generan conflictos o que los producen en los seres cercanos o para el planeta, el camino que termina siendo más fácil y más corto es ver y quedarse percibiendo con todos los sentidos desplegados, sin optar por nada diferente de aquello que estamos viviendo.

Esto significa que no justificaremos, no enjuiciaremos, no esperaremos un cambio por obra y gracia de un agente externo, no responsabilizaremos a nadie por lo que sucede; significa que no nombraremos lo que vemos, porque, al hacerlo, uno se separa de lo percibido, que descartaremos el esperar que, con el tiempo, las cosas cambien, sabiendo que si nos proyectamos, nos estamos dividiéndonos y alejándonos del aquí y ahora.

Si hemos llegado a vivenciar todo lo expuesto hasta aquí, veremos que se produce un silencio natural, inducido por nada. Ese silencio genera un espacio que da lugar a un "darse cuenta"; ahí hay una transformación espontánea, inmediata, no provocada por la persona. Transformación que otorga orden para funcionar armónicamente y libre de actitudes obsesivas, mecánicas o descontroladas.

Frases para pensar...

"La manera de hacer es ser"

"El sabio disfruta de lo que tiene, el necio va en busca de más y más"

Lao Tsé

"El hombre no debe considerar tanto lo que hace, sino lo que es"

"No significa que no debemos poseer ni hacer nada, sino no estar ligados, atados, encadenados a lo que poseemos y a lo que tenemos"

Eckhart

"Cuanto menos es el individuo, y cuanto menos expresa su vida, tanto más tiene y más enajenada es su vida"

Karl Marx

"La vida es aquello que te va sucediendo mientras tú te empeñas en hacer otros planes"

John Lennon

"No puedes mejorarte. Y no estoy diciendo que el mejoramiento no pueda ocurrir, recuerda, pero tú no puedes mejorarte. Cuando dejas de intentar mejorarte, la vida te mejora"

"Las guerras terminarán en el planeta cuando cada ser humano termine de librar su propia guerra interna"

Osho

Alimentación para el cuerpo y el alma

"La regeneración del individuo debe ser ahora, no mañana"
"La mayoría de nosotros consume la vida en el esfuerzo"

J. Krishnamurti

"La vida examinada es la única que merece ser vivida"

Sócrates

LAS RESPUESTAS QUE DAMOS AL CONFLICTO

¿Qué es el conflicto?

El conflicto es la coexistencia de tendencias contradictorias en el individuo, capaz de generar angustia y trastornos neuróticos. Es la lucha, la pelea interna o externa que hay entre una posición y otra. Es una situación desgraciada y de salida difícil, que hoy no encontramos. Son los problemas a los que no les hayamos una solución. Es todo aquello que genera una desarmonía, un desequilibrio, una alteración o perturbación de un orden real o imaginario, tanto en nosotros como en el entorno.

Se genera un conflicto cuando hay un desequilibrio o alteración, que tiene que ver con lo que no responde a un orden natural, por ejemplo, la enfermedad, tanto en el plano físico como en el psicológico: cualquier alteración en la salud de una persona es el quiebre de un orden. También los desórdenes psicológicos, como el miedo, la tristeza, la ira, la insatisfacción, la inseguridad, la confusión, la ansiedad, la competencia, los celos, la envidia, la frustración, el desborde emocional ante los desafíos de la vida y las situaciones que surgen de la interrelación con los otros y con los objetos, todas estas situaciones nos generan estados alterados de conciencia.

La "mecanicidad", los hábitos, la incapacidad de que se modifiquen situaciones conflictivas, el embotamiento, el desgano, la falta de alegría y pasión por las cosas que se hacen, las adicciones en todas sus formas –al trabajo o a un estimulante– son situaciones que también son generadoras de desorden.

La no concordancia entre nuestro pensar, sentir y actuar es una poderosa manifestación de conflicto.

El vivir sin amor, por uno, por los otros, por la vida y todas sus manifestaciones, puede que sea la mayor expresión del conflicto en el ser humano.

Las respuestas que damos a lo que se expresa

La forma en que respondemos a las múltiples maneras en que se manifiestan los conflictos humanos, por lo general, responden a las siguientes características:

• *Negación*

No queremos ver las situaciones conflictivas que vivimos a diario, no queremos saber de ellas ni asumirlas.

Miramos para otro lado, nos hacemos los distraídos, aunque, en ciertos momentos, somos conscientes de lo que nos pasa, de cómo actuamos. Sin embargo, pensamos que si no le damos trascendencia, podría ser que esto quede en el olvido, que lo dejemos atrás, que desaparezca, que en algún momento ese conflicto no conviva más con nosotros.

Con esa forma de responder, lo único que se logra es reforzar lo que se expresa. Por seguir funcionando con el conflicto, permitimos que éste eche raíces, lo que significa que, el día que nos decidamos a encararlo, sea una tarea más ardua que si lo hubiéramos afrontado apenas apareció en nuestra vida. Además, irá dejando estelas, marcas en nuestro cotidiano vivir, salpicando todo lo que hagamos y con todo lo que nos relacionemos.

- *Enjuiciamiento*

Si enjuiciamos algún aspecto que percibimos en nosotros, por ejemplo, algo que tenga que ver con nuestra manera de ser que nos desagrada, lo que estamos haciendo es resistirlo, rechazarlo y, a partir de allí, se generan diversas situaciones.

Lo primero que sucede es que nos dividimos entre el que expresa, el que siente la situación que desagrada y el que la enjuicia. Es decir, entre "el que enjuicia" y "lo expresado", abriendo una lucha entre dos partes aparentes, porque, en realidad, uno es toda una misma cosa. Esta escisión en dos aspectos que parecen ser cosas diferentes y antagónicas es un proceso puramente imaginario, que genera una dualidad en la persona, sintiendo de una manera y pensando de otra, o actuando de una y pensando de otra.

El hecho en concreto es que sólo existe lo que se expresa, por ejemplo, miedo, en ese instante el ser humano es solamente miedo.

Al enjuiciar, estamos rechazando aspectos que, por más conflictivos que sean, son siempre "nosotros mismos". Ese rechazo es un acto de desamor por uno mismo. Habría que preguntarse si con ese sentimiento de desafecto podemos generar algo ordenado y libre de conflictos.

El juicio hacia aspectos nuestros nos insensibiliza y, sin sensibilidad, no podemos descubrir profundamente lo que nos sucede. Este litigio es una no aceptación de aquello que se nos expresa, de lo que estamos siendo en un momento.

La resistencia por lo que rechazamos de nosotros mismos hace que sus causas profundas queden en capas inconscientes, ocultas, impidiendo que aflore todo su entramado, las razones subyacentes a lo que se nos expresa.

El juicio nos divide, es una escisión imaginaria entre el que percibe y lo percibido, entre el que siente y lo sentido o entre el que siente y el que rechaza, permitiendo la parición de múltiples "yoes". Esto da lugar a una lucha: un diálogo interminable.

Alimentación para el cuerpo y el alma

En este contexto, las partes buscan amigarse mediante el "perdonarse", pero como para perdonar hay que enjuiciar, es allí donde cabe preguntarse quién perdona a quién, si no hay otra cosa más que uno mismo.

Este modo de funcionar "divididos" es desgastante, termina agotando a las personas, dejándolas sin energía para encarar el día a día; por ello es que necesitamos diariamente ingerir estimulantes, como café, hierba mate o azúcar, para tener energía.

Estar dividido entre "el" que siente algo que perturba y "lo" que perturba es como fraccionarse entre un sujeto y un objeto, pero dado que hablamos de aspectos psicológicos, no vemos ni nos damos cuenta de que el que percibe "es" lo percibido.

Sabemos que en una persona no hay más que una sola entidad que expresa un sinfín de sentimientos, y ellos "son" la persona, no hay ningún otro ente más allá de lo que la persona es. Uno es lo que manifiesta, lo que expresa, lo que siente, lo que piensa, lo que hace.

El funcionar dividido, producto del juicio que emitimos por algo que hacemos o sentimos, da lugar a vivir en una lucha interna, vivir alterado.

- *Justificación*

A causa de justificar, cerramos las puertas a la comprensión y, donde no hay comprensión, no podrá haber cambio.

El justificar es poner un lacre de "válido", de "aprobado", a aquello que en un momento rechazamos. Con ello, no hay cuestionamiento ni investigación de lo que sucede, no hay una duda constructiva de cuáles puedan ser las razones, además de aquellas aparentes con las que armamos la justificación, por las que sucede lo que sucede.

Toda situación, al ser dejada al descubierto, nos podrá mostrar causas no conocidas, ignoradas en el presente, que, tal vez, nada tienen que ver con los motivos enunciados en las justificaciones.

Uno podrá justificar por qué bebe o fuma, por qué contrajo tal enfermedad, por qué reacciona de una manera violenta o se deprime, aunque todas estas razones no generan un cambio ni aportan una mayor comprensión, sino, al contrario, refuerzan lo que ocurre.

El dejar de lado la justificación es abrirse a lo nuevo, a lo desconocido, que es donde están las motivaciones que estructuran la situación que nos perturba.

- *Responsabilizar a otras personas o ciertas circunstancias por lo que nos sucede*

  Podemos aducir que el problema ocurre por causas genéticas, ambientales, culturales, sociales, familiares, económicas, laborales, astrológicas o por responsabilidad de otra persona o de la sociedad en su conjunto, de las políticas del gobierno de turno, etcétera.

Alimentación para el cuerpo y el alma

Si bien, en un principio, podría haber algo de cierto en ello, el no responsabilizar a otros permite dar lugar a un darse cuenta de qué está pasando en *uno* para que esto nos haya sucedido: cómo estábamos, qué grado de atención había en uno para que eso nos sucediera. El poner la carga a otros conduce a la transferencia de nuestra responsabilidad en la formación del conflicto. El pensar o sentir de esa forma nos libera aparentemente de la tarea de encontrar los motivos de la situación que estamos viviendo o de lo que sentimos, pero deja el conflicto intacto, sin modificar, dando la oportunidad para que se siga expresando indefinidamente.

Es un no hacerse cargo y es la forma más fácil de desentenderse del trabajo de ver cuál ha sido mi responsabilidad, que no es lo mismo que "mi culpa", porque culpa existe cuando hay juicio, en cambio, responsabilidad es observar dónde y cómo estaba uno en el momento del hecho desencadenante de un conflicto, es darse cuenta de cuál era la atención a todos los aspectos en esta situación.

- *Esperar que nuestros problemas se solucionen a partir de otras personas o de organizaciones a las que les damos autoridad*

El esperar de otros lo único que hace es liberarnos de la tarea de ver y comprender lo que nos sucede, puesto que, en este caso, no seríamos nosotros quienes tendríamos que bregar con el conflicto, sino que esperamos que sean los demás quienes hagan la acción de desembarazarnos de él.

Esta actitud dilata en el tiempo las situaciones expresadas, permitiendo que se enquisten en nuestra persona, y, a la vez, da comienzo a una situación de esperanza que si no se ve concretada, nos llena de frustración. Esperar de los demás nos hace dependientes de otros, como un niño que se resiste a empezar a caminar sin la ayuda de sus padres o que sigue andando en bicicleta con las rueditas de apoyo. El ser dependiente es no crecer, no madurar, pues la maduración sucede cuando una persona afronta y se hace cargo por sí misma de sus diferentes estados, buscando ella misma la salida o la forma de funcionar paralelamente con los desafíos que la vida ofrece, de manera que no se produzca un estado perturbador en uno mismo.

Otro aspecto para tener en cuenta es que erigir a ciertas personas u organizaciones como una autoridad es una forma de degradarnos nosotros mismos, al ponernos en una situación de inferioridad con respecto a otro, cuando, en realidad, en el arte del vivir no hay expertos: somos todos siempre aprendices.

Si hay alguien "liberado", será aquel que "sabe que no sabe y que está todo por aprender", que se pondrá al mismo nivel que el otro, inquiriendo juntos y, a lo sumo, ayudando a liberarse de la necesidad de ayuda.

No estamos diciendo que no se pueda buscar una orientación, alguien que nos ayude a indagar y descubrir si hay una salida para una situación conflictiva, pero esa persona, si es un buen terapeuta, ayudará a la persona a que ella, por sí misma, vaya encontrando su propia comprensión. La orientará sin ponerse en autoridad, sino que inquirirá con ella, descubrirán juntos por qué se está en determinado estado y la dejará libre, lo más pronto que se pueda, para no dar lugar a ningún laso dependiente. Un cambio radical significa no adaptarse ni amoldarse a un patrón determinado de ideas, creencias, técnicas, filosofías. En ello hay libertad y pasión por descubrir qué es lo verdadero y qué es lo falso, dónde está el conflicto y dónde está el orden.

De modo contrario, al esperar de otros la solución de cualquier problema psicológico, no nos estamos dando cuenta de que éste habita en uno mismo y que, en realidad, dentro del problema está la solución. Porque, así como se conformó un problema, al verlo con pasión, con el único interés de comprenderlo, veremos que, en su estructura –un fino entramado en todo nuestro ser–, es donde está la solución. Al ver la trama y dejarla expuesta, en forma vivencial, sin poner en palabras lo que se va exponiendo, se desarticulan su fuerza y su sinergia.

- *Tener una actitud defensiva*

Nos defendemos, consciente e inconscientemente, de múltiples formas.

Es común que el ser humano se identifique con sus: características psicológicas, organizaciones espirituales o de cualquier otro tipo, su profesión o actividad, su raza o religión, su nacionalidad, el lugar donde habita, el signo zodiacal, sus capacidades o los dones que posea. Al identificarse, la persona se siente protegida, segura, a salvo, porque el *yo* o *ego* se fortalece, está como resguardado por pertenecer a un determinado grupo y se siente diferente a otros. Además, se genera una falsa identidad al creer que uno es, por ejemplo, su profesión o religión: "soy católico, soy abogado". Es falsa porque la persona "es" un ser humano, lo otro puede expresar una creencia o una actividad laboral de ese "ser" humano. Toda identificación separa, divide; donde hay separación, división, hay conflicto, no hay amor, no puede haber cooperación. Por ejemplo, cuando las personas se identifican con el lugar de nacimiento, se convierten en nacionalistas y pueden llegar a enfrentar al vecino por estar identificado con otra nacionalidad, así es como se llega a las guerras.

Nuestras identificaciones nos ponen una coraza, nos separan de nosotros y de los otros, e inhabilitan ver aquello oculto, inconsciente, primario, instintivo; no nos permiten tomar conciencia de los deseos y miserias ni del dolor ancestral que hay en cada ser humano. Pero cuando tomamos conciencia del peligro de funcionar "identificados" en la vida y nos damos cuenta de lo que esto implica, se desarman las identificaciones que

Alimentación para el cuerpo y el alma

podamos tener. Es todo un arduo trabajo de comprensión de por qué funcionamos "identificados".

Al no sentirnos reconocidos con nada, queda expuesta la realidad de la persona, lo que verdaderamente "es", queda uno vulnerable a lo oculto, donde anidan las razones de muchas conductas conflictivas. Aunque si las dejamos expuestas, hay una enorme posibilidad de compresión. Esto sucede cuando se permiten desplegar todas las motivaciones de un cierto pensamiento, un sentimiento, una emoción o una acción, que nos conducen a situaciones problemáticas.

También nos defendemos al cerrarnos, no expresando lo que nos sucede, no queriendo ver ni saber, ni asumir, lo que realmente nos sucede, nos abroquelamos buscando un escape para no ver ni sentir.

En una actitud defensiva, nada circula, la energía está trabada, y entonces aparecen los malestares físicos. Y, sobre todo, por estar cerrados, tampoco podrán venir las soluciones o la claridad para resolver el conflicto.

Está a la defensiva una persona que busca la seguridad y le teme a la inseguridad. La seguridad se relaciona con no admitir la duda, con lo estable; pero ¿cómo podemos descubrir lo que no sabemos sobre nosotros, y si no dudamos de lo que somos y lo que expresamos?

El orden en nuestra vida surge naturalmente cuando nos exponemos, sin ninguna defensa, a lo que realmente somos. Esto se muestra en nuestras maneras de pensar, sentir y actuar, de relacionarnos con las cosas y con los otros.

- *Buscar placer*

Una respuesta cada día más habitual que solemos dar al desorden físico o psicológico que expresemos es la de vivir la vida como en una cómoda cama tibia, buscando placer y satisfacción en todo lo sensorio, enorgulleciéndonos de lo que somos o lo que nos sucede, o quizá, a través de la fabulosa industria del entretenimiento.

Ésta es una forma de negar y subestimar los conflictos y las respuestas desordenadas que damos. Es una actitud inmadura, sin compromiso frente a la vida toda, por querer perpetuarnos en ese estado de no ver las realidades humanas, sus miserias y el dolor que reina en la vida y en cada ser humano.

Significa que no importa si nuestros actos, pensamientos o sentimientos lastiman al prójimo, alterando cualquier vínculo. No vemos que cada ser humano es el mundo y el mundo es cada ser humano, que no somos algo extrapolado del conjunto que hace a una sociedad.

Pretendemos y creemos evadirnos y escaparnos del conflicto buscando placer. Llenamos nuestra vida realizando innumerable cantidad de cosas: pensando, comiendo, trabajando, leyendo, mirando televisión, escuchando música y radio, ocupados frente a la PC, navegando o chateando, dialogando sobre cualquier cosa con amigos y, tal vez, más que nada, sobre nosotros mismos, jugando, haciendo deportes, hablando y juzgando a otras personas o sobre las eternas situaciones conflictivas de los gobiernos y las mil maneras que el hombre ha creado para estar entretenido, incluidas las actividades llamadas serias o espirituales, como pueden ser el acudir a templos religiosos o cualquier actividad relacionada con lo que el hombre llama el mundo espiritual.

Aunque el problema no son estas actividades, ya que en sí mismas no son ni buenas ni malas, sino la desproporción que hay entre el tiempo y la preponderancia que se asigna a éstas respecto del tiempo que se reserva para quedarse en soledad y silencio, para tener un encuentro con uno mismo.

Si uno para, se detiene, se queda solo, sin ningún entretenimiento alrededor, empezará a darse cuenta y a comprender esos estados psicológicos-emocionales o situaciones producidas en la interrelación con los demás y las cosas, que nos perturban en el día a día.

- *Resignación*

Es la respuesta conformista, una mansa aceptación que damos a lo que somos cuando vemos o sentimos que nada podemos realizar, que la vida es "así", que somos "así" y que nada se puede hacer. Consideramos que pedirnos un cambio es pretender que seamos dioses, budas o iluminados, que esa característica o modo de funcionar que tenemos es "natural" del ser humano, aunque nos genere problemas a nosotros y a los demás, o aunque nos desarmonice. Además, pretender modificarla es una tarea demasiado titánica o imposible para un ser humano "común", que no tiene tiempo para ocuparse de un trabajo que involucre una transformación personal, porque hay muchas cosas "más importantes" que hacer.

Al mismo tiempo, podemos sentir que "tan mal no nos va", a pesar de que se manifiesten esas características conflictivas que hemos percibido o que nos hayan hecho percibir otras personas.

Resignarse es no rebelarse; y sin una sana rebeldía no podrá haber un cambio que genere una verdadera paz en el corazón. Cuando se es joven, por lo general, hay rebeldía frente a los patrones sociales o familiares, luego, con los años, las personas se van amoldando, acostumbrando a lo que viven, y poca inquietud hay para dudar, cuestionar e investigar la forma de vivir de uno y de la sociedad en su conjunto.

Podemos también sentir que no es que nos resignemos, sino que estamos satisfechos con lo que somos, que alguna situación conflictiva que vivimos es propia de la vida y que no es relevante, que lo importante son las concreciones que se van haciendo en el terreno económico o profesional o en los vínculos que se lograron tener. Frente a esta postura, es poco lo que se puede decir, más que invitar a ver hasta dónde hay una real satisfacción cuando se buscan tantos escapes ante la posibilidad de estar solo y sin hacer nada.

Una persona que no puede estar bien sola, en silencio, sin hacer nada y sin la necesidad de estimulantes o entretenimientos, es una persona que encubre algún dolor no resuelto. Éste buscará el momento de salir, de expresarse. Como ya se ha dicho muchas veces, el cuerpo expresa lo que la mente no quiere ver.

- *"Saber"*

Cuando sentimos o pensamos que sabemos, por ejemplo, quiénes somos, lo que nos pasa y por qué nos pasa, ese saber deja cerradas las puertas para poder descubrir algo nuevo, ignorado hasta el momento.
Sólo se habilita la comprensión si damos lugar a la duda, a inquirir, desde un lugar de "no saber". Asimismo, existe la posibilidad de descubrir lo nuevo cuando nos damos cuenta de que aquello que sabemos es lo conocido, es la historia de uno con sus experiencias y vivencias conscientes; pero en lo conocido no es donde realmente están los resortes del cambio.
Lo que conocemos pertenece al pasado, a lo que fue, son las razones aparentes y evidentes de por qué nos pasa lo que nos pasa. En el saber hay orgullo, altanería, autosuficiencia, soberbia, el yo o ego se fortalece frente a la actitud del "yo sé", se va armando una coraza, y con esto las posibilidades de un cambio profundo están cada día más alejadas.
En el conocimiento, la mente está llena y ocupada con conceptos e ideas sobre la vida, sobre uno mismo, los

demás y las cosas. En cambio, en el estado de "no saber", hay un vacío de conceptos e ideas. Ésta vacuidad da lugar o espacio para lo nuevo; hay silencio y éste es fundamental para comprender.

Un vaso es útil si está vacío, lo mismo ocurre con nuestra mente, si se halla libre de formulas, ideologías, conceptos, podremos ver algo nuevo, de lo contrario seguimos viendo lo conocido, que es lo viejo, lo que conformó nuestra manera de vivir actual, con sus momentos de plenitud y sus momentos de dolor.

La transformación se genera cuando damos lugar a lo que no sabemos, a lo oculto, a lo ignorado, para lo cual es necesaria la humildad, que implica terminar con las actitudes egocéntricas, como puede ser el creerse que uno sabe de sí mismo.

Al aceptar "no saber", estamos vulnerables, y es ahí donde existe la posibilidad de un cambio radical. La tarea de descubrir o de dejar develar lo nuevo es lo que genera un cambio profundo y verdadero en nuestra persona. Entregarse a un "no saber" es entregarse a un mundo nuevo y desconocido.

- *Querer cambiar*

Aquí se presenta una paradoja: cuando intentamos cambiar algún aspecto de nuestra persona, sea un pensamiento recurrente, algún sentimiento que nos desestabiliza, una acción generadora de problemas, impulsos conflictivos, hábitos, compulsiones, reacciones o creencias que nos traumatizan. Al intentar cambiarlo, estamos rechazándolo o resistiéndolo, queriendo tenerlo bajo control; así, empezamos una lucha y una división entre ese "uno" que no desea tal cosa y aquello que se expresa. Es una división entre el sujeto, que soy yo, y el objeto que se quiere cambiar, por ejemplo, el miedo, que, en realidad, también soy yo. La lucha refuerza el estado en cuestión, nos desgasta energéticamente, impide una comprensión abarcadora, por ponernos en distancia.

Para comprender, hay que estar en comunión con lo que nos perturba, ser uno con lo expresado, aceptarlo, que no es igual que resignarse, sino aceptar que eso que se expresa es lo que soy y que es conflictivo. De este modo, hay una posibilidad de comprensión, pues se despliega el estado y quedan al descubierto sus razones, su entramado.

Por lo tanto, cada vez que queremos cambiar algo, entramos en lucha, nos dividimos, y así se perpetúan las situaciones de conflicto. Lo mismo sucede si no queremos cambiar, no nos interesa terminar con lo que perturba, por lógica, también se le está dando continuidad a las situaciones conflictivas.

Si he llegado en mi investigación a descubrir por mí mismo esta paradoja, lo que me resta es un "no hacer nada" y estar atento a ello, sin optar por algo, porque ante cualquier cosa por la que opte, refuerzo el conflicto, tanto si lo rechazo como si lo permito.

En ese estado de alerta a lo manifestado, de percepción sin opciones, en ese "no hacer nada" –que es, de todos modos, un "no hacer haciendo"–, se produce la acción más elevada que se pueda tener como experiencia: la *mutación*, una transformación profunda en nuestra psiquis. Dando lugar a una nueva forma de operar, pero no como producto de nuestra voluntad ni de nuestros deseos, ni de nuestros prejuicios y conceptos, ni del esfuerzo por modificar las cosas, sino por el simple hecho de de dejar que la trama que sustenta el conflicto se devele. En ese silencio, en la quietud, hay inteligencia, no "mi inteligencia", sino la inteligencia que impera en la vida cuando estamos en comunión con ella, que actúa siempre y cuando nos entreguemos en forma atenta y perceptiva a las cosas tal cual son.

• *Dialogar internamente sobre el conflicto*

Cuando percibimos en nosotros algo que nos desagrada, que lo registramos como un problema, comienza un interminable diálogo sobre ello, explicando, justificando, analizando, pensando.

Los diálogos internos, como otras formas de respuesta que hemos estado viendo, también nos desgastan, quitándonos la poca energía que, muchas veces, poseemos; nos dividen entre sujeto y objeto, entre lo que somos y lo que anhelamos ser, entre lo que nos sucede y lo que deseamos que nos suceda.

Alimentación para el cuerpo y el alma

Este dialogar es poner en palabras, verbalizar, lo que percibimos de nosotros, es pensar, y dado que la palabra conforma el pensamiento, constituye un símbolo de una realidad, pero no es la realidad en sí misma. La palabra "objetiva", refiriéndonos al verbo *objetivar*, que es "poner afuera" (y no a la *objetividad*, que se refiere a ver libre de los condicionamientos). Por lo tanto, la palabra divide entre un sujeto que se siente diferente del conflicto y el objeto, que es el conflicto en cuestión. De este modo, la palabra instala, da estructura y forma el conflicto.

Es interesante investigar si se pueden observar los procesos de la mente y cómo funciona uno frente a los desafíos de la vida cotidiana, pero sin poner en lenguaje lo que observa. En este estado, hay silencio, porque la palabra es la materialización del *pensamiento*, que es, a la vez, *condicionamiento*, producto de nuestra historia, de una cultura y de tradiciones particulares. Por ser el pensamiento consecuencia de nuestros particulares condicionamientos, esos diálogos internos son subjetivos, carentes de una objetividad esclarecedora.

El pensamiento que no se refiere a algo fáctico, concreto, específico o práctico es un pensamiento que se refiere a uno mismo, es el pensar qué me pasa y qué no me pasa, por qué hago esto o por qué no lo hago.

Si, por ejemplo, consideramos mentalmente algún miedo nuestro, lo haremos a través del símbolo-palabra "miedo", y no por medio del sentimiento vivo y cambiante que se expresa en uno. Por lo tanto, al pensar en nuestros estados emocionales, lo que hacemos es estar alejados del hecho concreto y vivo como lo es, en este ejemplo, el miedo.

Para estar en contacto directo con lo que "es", tenemos que dejar de lado las palabras. Si hay contacto directo, hay posibilidad de que uno se dé cuenta de la estructura interna, profunda e inconsciente que tiene un conflicto.

El pensar sobre uno mismo, el diálogo interno, termina siendo una evasión de estados profundos que no se quieren vivir, de los motivos que subyacen o de las raíces de un sentimiento.

Lo que está latente en todo sentimiento puede ser una sensación de vacío, de soledad, la necesidad de afecto y de seguridad, de reconocimiento, de ser alguien valorado o, simplemente, la necesidad de ser alguien frente a una gama de sentimientos, como la percepción de sentirse nada, verse tonto, superficial, intrascendente, mediocre o con pensamientos y sentimientos traumáticos. También en lo profundo nos podemos sentir presos, sin libertad, desconectados de lo esencial de la vida, de algo que esté más allá de lo sensorio, más allá de lo tangible y conocido.

Descartar la palabra es descartar los símbolos, las representaciones del estado. Al hacerlo, nos queda solamente vivenciar desde el silencio de la mente la cosa expresada. Ese estado es transformador en sí mismo.

- *Ocuparnos de cosas extraordinarias o espirituales*

Muchas veces, cuando las personas se sienten desbordadas por sus situaciones personales, por ejemplo, ante un sentimiento de soledad, desamor, mucho dolor y frustración, miedos, angustia, sintiendo una monotonía en su vida o viendo que no pueden consigo mismas, una respuesta a estas situaciones puede ser ocuparse de aspectos llamados "espirituales".

La persona se acerca al mundo religioso o algún tipo de organización buscando ayuda, consuelo, compañía, sentirse contenida, protegida y, tal vez, especialmente ocupada en cosas "nobles". Hacer esto aleja a la persona del estado en que se encontraba y la hace sentir que está en un camino de crecimiento personal.

Entonces, habría que preguntarse hasta dónde se puede funcionar en la vida armónicamente, habiéndose negado a encarar las raíces de los estados emocionales que subyacen a la búsqueda de un camino "espiritual". Puede ser que la persona se sienta bien mientras funciona en esos grupos, porque al identificarse con una organización, comunidad o técnica se mitigan los estados psicológicos que perturban. Pero las raíces de éstos quedan enquistadas y, en los momentos de soledad, en los espacios de silencio o cuando se está sin una ocupación específica, afloran nuevamente.

En ocasiones, los llamados caminos espirituales son una cantidad de creencias, ritos, prácticas, experiencias extraordinarias y vivencias mágicas; todo ello está muy alejado de la realidad, de lo factual, de lo concreto, como la lluvia, el viento, la reacción que tengo frente a ciertas cosas, los miedos que se expresan, los kilos que tengo de más, los estimulantes que consumo diariamente para no estar mal, entre otras cosas.

Para que se genere un cambio, lo primero que se necesita es ver, estar en contacto directo con el problema y permitir que afloren sus raíces. Si las creencias o prácticas espirituales me alejan de ese contacto, será un camino que me llevará a estados ilusorios de conciencia, porque el motivo que nos impulsa a ciertas prácticas o creencias sería el no querer ver, sentir, vivenciar las raíces, las motivaciones ocultas de los estados conflictivos de conciencia. Si nos ocupamos de cosas supuestamente elevadas y espirituales, ¿no será que no sentimos ni vivimos que lo elevado y espiritual se encuentra en las pequeñas cosas de la vida cotidiana, con toda su maravilla, expresándose en lo más simple, como puede ser una flor, el vuelo de un pájaro, el nacimiento de un niño, así como también otras tantas pequeñas cosas que hacen a la vida?...

• *Buscar protección y seguridad*

El hombre, por naturaleza, busca afanosamente un estado de seguridad psicológica: tener un buen pasar económico, tener conocimiento, títulos o galardones, sentirse "alguien" dentro de la sociedad, pertenecer a alguna organización, identificarse con una raza, religión, profesión o nacionalidad, sentirse querido o valorado por alguien o sentir que alguien lo necesita.

La palabra "seguro" significa 'estable', 'que no admite duda', libre de todo daño, peligro o riesgo. Es, por lo tanto, algo que no es cuestionado, que se lo deja así, tal como es, es decir, sin posibilidad de cambio.

Lo que es estable es parecido a algo muerto, por oposición a todo lo vivo que está en un constante proceso de mutación.

Observando los significados de la palabra "seguro", deducimos que una persona que busca la seguridad es alguien que se va acorazando, armándose de escudos, quitando las posibilidades al cuestionamiento y, por ende, al cambio.

Por el contrario, aquel que acepta y aprende a vivir en la inseguridad, en lo incierto, en lo inestable, lo "impermanente", puede comprender los procesos que se van gestando en él, en la sociedad y en la vida toda.

Además, habría que preguntarse e investigar si existe el estado de "seguridad psicológica"; quizá, sea algo ilusorio, carente de una realidad concreta.

Si descartamos la búsqueda de seguridad, se aprende a vivir en lo inseguro, así, la persona se va fortaleciendo, no será abatida por los desafíos de la vida. De modo contrario, encontrará, en los desafíos, oportunidades de comprenderse, de descubrir facetas que hasta el presente ignoraba.

- *Ser artificial, falso*

Al tomar conciencia de la realidad de uno, con sus miserias, sufrimientos, esclavitud con relación a ciertos hábitos, se puede responder, mostrándose ante los demás y, básicamente, a uno mismo, con la apariencia de que se está bien, que se han superado los conflictos o que no se los tiene. Esto es lo contrario a ser espontáneos y naturales.

En la espontaneidad, que es inocencia, hay una gran sabiduría, porque en esa reacción natural, no artificial, queda descubierta la naturaleza y la estructura de lo que origina una respuesta. Por ejemplo, si alguien reacciona defendiéndose o enojándose frente a una desaprobación, pero no se intenta ocultar ni disimular esa forma de responder, significa que se está asumiendo lo que se "es".

Al asumir cómo funcionamos, podemos conocernos y descubrir qué origina la reacción, que puede ser un sentimiento de desvalorización o una carencia afectiva, que nos lleva siempre a buscar el reconocimiento de los demás.

Cuando uno responde con falsedad es porque no quiere demostrarse a sí mismo ni a los demás lo débil que es. Esto manifiesta un juicio por lo que uno "es" y un deseo de ser diferente, nos habla de la dependencia que tenemos por lo que piensen y sientan los demás sobre nosotros. También muestra que funcionamos desde la

Alimentación para el cuerpo y el alma

comparación, que genera envidia. Muchas veces, podemos descubrirnos querer ser o tener las cualidades de otra persona y, por lo tanto, nos cuesta asumir nuestras debilidades.

Todas éstas son las razones por las que se origina el conflicto en uno. El deseo de ser diferente "es" el conflicto en sí mismo y, si se actúa en forma artificial, se lo niega, se lo rechaza, se vive artificialmente, en forma afectada, hipócrita.

Al revés, asumir el conflicto es vivir relajado, distendido, en forma natural, espontánea, ahí hay humildad; y todo ello es el principio de resolución del conflicto.

- *Tomar una píldora*

Cada día más gente recurre a los psicofármacos en busca de un alivio o una mejora. En realidad, una píldora lo que hace es adormecer, anestesiar las funciones sensitivas, inhibir la percepción de un estado, por ejemplo, de angustia o miedo, pero jamás podrá una pastilla resolver el conflicto.

Si lo que se busca es aliviar y no encarar ni enfrentar la dificultad, entonces, es correcto recurrir a la pastilla. Si, en cambio, se desea comprender, solamente se podrá dar lugar al fin del conflicto haciendo un profundo trabajo de observación interior. En este caso, no es adecuada la pastilla, porque, para comprender, necesitamos desarrollar a pleno nuestras capacidades perceptivas, y la píldora las inhibe. Además, para entender es necesario que el estado se exprese. De manera que si la ingesta de psicofármacos lo inhibe, no habrá jamás una comprensión liberadora.

Puede ocurrir que a alguien que, por ejemplo, padece una angustia muy grande le resulte muy fuerte que se le pida que le permita expresarse a este sentimiento, que lo acepte y que permanezca en un estado de observación, que aprenda a convivir con sus realidades.

Es lógico que, en ciertos casos particulares, por la gravedad de la situación, la píldora, seguramente, sea la mejor forma, en un primer momento, de encarar el estado. Pero también hay otros casos en los que, tal vez, habría que empezar por levantarle el tono vital a la persona afectada, mediante una alimentación muy ordenada, que tenga en cuenta el fortalecimiento del sistema nervioso, además de una actividad física y expresiva que apunten al mismo objetivo. Luego, cuando la persona esté en otras condiciones, con más fortaleza, podrá encarar la angustia.

- *Esperar que el tiempo resuelva*

Es común que pensemos o sintamos que el tiempo puede curar o resolver lo que nos aqueja, como si éste pudiera operar o hacer que queden en el olvido ciertas cosas. A esto lo llamamos "tener esperanzas en el futuro", creemos que éste será mejor que el presente.

En realidad, es una forma de postergarse y resignarse a

no vivir el hoy con plenitud. Además, en la medida que uno viva un hoy proyectado a un futuro mejor, vive en una irrealidad, porque la vida es lo que está aconteciendo en cada instante, y si ese futuro no nos trae una situación mejor, acarreará frustración y violencia.

Habría que preguntarse si existe un mañana en el campo psicológico o si la vida es lo que está transcurriendo en un instante determinado y nada más. Porque el pasado ya no existe, y si alguna situación anterior nos perturba hoy, es porque no está en un tiempo remoto, sino en el presente, aunque el hecho en sí haya transcurrido en el ayer; la sensación o sentimiento que afectan están en el presente, porque están vivos y generándonos ciertos sentimientos que nos perturban en el cotidiano vivir.

Si uno descubre que el pasado no resuelto no está "detrás" en el tiempo, sino en el momento actual, podrá verlo como un presente vivo. Es ahí donde hay una verdadera liberación del sentimiento que hoy me sigue perturbando.

Lo único que hay es el presente, el aquí y ahora. El futuro, en el plano psicológico, es una evasión del presente. Y, en realidad, el futuro que proyectamos también está en el presente. Nos proyectamos siempre en lo psicológico, porque vamos detrás de anhelos y deseos de ser de determinada manera, de lograr cosas o de que se nos concreten ciertas expectativas.

El vivir con la mirada en un futuro imaginario hace que no se viva el presente con la intensidad que éste tiene.

Así, no le damos la oportunidad de que se vaya evidenciando con claridad lo que nos ocurre en cada instante ante cada situación de la vida cotidiana.

En lo factual, es lógico que uno se proyecte a un futuro modificado, de lo contrario, nada se podría concretar si no hay un plan y objetivos a realizar. Pero, muchas veces, se vive la vida corriendo, detrás de "zanahorias", buscando un sentido a la vida. ¿No será que la vida no tiene ningún sentido en particular, y éste se busca cuando la persona la percibe vacía?

A la inversa, cuando se vive la vida sin un fin determinado, sin buscarle un sentido, aparece una alegría porque sí, una dicha sin motivo, y ese estado es lo más maravilloso que se pueda vivir. En ese estado no le buscamos el sentido a la vida.

- *Buscar el opuesto*

Cuando lo que se expresa en nosotros es un estado de miedo, buscamos ser valientes, tener coraje; si lo que se expresa es sobrepeso, buscamos ser delgados; si somos violentos, buscamos ser pacíficos; y así, ante interminables formas de expresarnos, reaccionamos habitualmente poniendo toda la energía y dedicación en la búsqueda del estado antagónico.

Aquí cabe investigar si un opuesto no está conformado por su complementario, porque si hay un polo significa que deberá estar el otro, de lo contrario, no existiría. No existe el arriba sin el abajo, no existe la noche sin el día, la guerra sin la paz, el miedo sin el coraje. Por lo tanto, es interesante preguntarse si realmente encontraremos el equilibrio buscando lo contrario a lo que somos. O si, al buscar el opuesto, seguimos en estado de desequilibrio, porque haremos actos de coraje, producto de no aceptar lo miedosos que somos, con lo cual le damos continuidad al miedo.

Pero si no reaccionamos buscando un opuesto, sino que aceptamos una situación dada, nos quedamos con ella en estado de investigación y observación, sin opciones por lo que se expresa, se generará una comprensión. Ésta nos llevará a una nueva condición que no tiene las semillas de ningún estado antes conocido.

Además, al poner la energía en el opuesto, que es lo que "debería ser", según los patrones sociales imperantes, lo que hacemos, en realidad, es desgastarnos luchando por conseguir ese estado anhelado, una contienda generalmente infructuosa.

En cambio, al poner la energía en lo que "es", se genera un acopio de vitalidad. Justamente, con energía podemos abordar lo que "es". De esta forma, hay comprensión, y ésta libera a la persona del conflicto.

Nuevas respuestas que podemos dar a lo que se expresa

Si hemos visto que las formas de reaccionar ante los conflictos que tenemos, lejos de resolverlos, los complican y profundizan y, a la vez, generan nuevos conflictos, lo único que nos queda es descartar todas esas formas y dar lugar a un estado de atención plena, sin "optar por" ni reprimir, ni realizar, ni aprobar, ni desaprobar, ni aceptar, ni rechazar.

La vida puede ser mucho más simple de vivir, más liviana, cuando operamos, funcionamos o nos movemos sin reaccionar ante la aparición de un conflicto. La "no reacción" de la que hablamos es un movimiento que involucra una aguda observación, *sin motivos* y *sin opciones*, de lo que vemos.

Sin motivo, porque no buscamos el cambio, sino la comprensión. Sin opciones, porque al no reprimirlo o resistirlo, ni aprobarlo o realizarlo, lo que hacemos es dar lugar a quedarnos quietos, observando, vivenciando el conflicto, y de esta manera dejamos que todo su entramado se exprese.

Cuando toda la trama, las raíces y los motivos que subyacen quedan expuestos en nosotros mismos, siendo uno todo lo expresado, sabiendo convivir con esas realidades que somos, en forma amorosa, con humildad, sin juicios, damos la oportunidad a que deje de operar el conflicto en nosotros, por la simple razón de que ha quedado expuesta, en forma vivencial, toda su estructura.

Al tomar como falsas e inconducentes las reacciones que hemos mencionado en todo este escrito, se genera un silencio natural, no buscado. Ese silencio, al mismo tiempo, permite un espacio interior, porque nuestra mente no está ocupada reaccionando con todo el parloteo mental que ello involucra, no busca llegar a ningún lado ni realizarse en el plano psicológico.

Una mente con estas características comprende que el *arte del vivir* comienza cuando se convive en forma creativa con lo que se nos expresa, a partir de las interrelaciones con los demás y con las cosas.

En este estado, hay una cualidad de paz, quietud, y comienza el trabajo de la meditación, que consiste en dar la posibilidad de que surja claridad, comprensión y, posteriormente, liberación. Y la liberación trae la dicha de *vivir porque sí*.

Bibliografía

Clymer, Swinburne, *La dieta, clave de la salud*, Editorial Kier, Buenos Aires.

Dahlke, Ruediger, *La enfermedad como símbolo*, Editorial Robin Book, Barcelona, 2002.

Dufty, William, *Sugar Blues*, Editorial Gea, Río de Janeiro, 1975.

Kikuchi, Tomio, *Autocontrolterapia*, Editotrial Musso, Santa Fe de Bogotá, 1993.

Kolbin, Anne Marie, *El poder curativo de los alimentos*, Editorial Robin Book, en:
http://www.institutohuevo.com/scripts/colesterol.asp.

Kushi, Mishio; Cotrell, Martha, *Sida, Macrobiótica e inmunología natural*, Ediciones Gea, Uruguay, 1993.

Kushi, Michio; Van Cauenberghe, Marc, *Remedios macrobióticos caseros*, Ediciones Gea, Uruguay, 1994.

Krishnamurti, J., Obras completas.

Lowen, Alexander, *La espiritualidad del cuerpo*, Editorial Paidós, Barcelona, 1990.

Muramoto, Naboru, *Medicina oriental*, Ediciones Gea, Uruguay, 1983.

Murray, M; Pizzorno, J., *Enciclopedia de medicina natural*, Editorial Tutor, Madrid, 1997.

Racauchi, Liliana, *Aprender a comer y a vivir en libertad*, 2.° ed., Editorial Kier, Buenos Aires, 2008.

Racauchi, Liliana; Bidart, José, *Comidas y consejos saludables para una vida mejor*, Editorial Latinoamericana, España, 2002.

— *Aprender a cuidar el cuerpo-mente, 200 recetas del Spa Las Dalias*, Editorial Kier, Buenos Aires, 2003.

— *Formas saludables de vida. Más sensualidad, menos pensamiento*, Editorial Lunfen, Buenos Aires, 2006.

Wats, Alan, Obras completas.